JN323612

崖っぷち社長の逆転戦略

川 隆

中洲・第一不動産
半径500メートルからの
挑戦

花乱社

装丁／design POOL

はじめに

突然ですが、質問です。

日本で一番高い山は？　「富士山」ですよね。
日本で一番広い湖は？　「琵琶湖」ですよね。

ほとんどの方が簡単に答えを言えるはずです。
では、次の質問はいかがですか。

日本で二番目に高い山は？
日本で二番目に広い湖は？

と聞かれると、答えることはできないものです。実は私も知りません。答えは、インターネットで調べてみてください。

博多でうなぎを食べたいと言うと、ほとんどの方が「吉塚うなぎ屋」をイチオシします。土用の丑の日ともなると、どのテレビ局もこの「吉塚うなぎ屋」を取材します。

人は一番のものは覚えています。人は一番のところに注目します。つまり、何でも「〇〇で一番」ということでないと、覚えていただけないものなのです。

お陰様で、今では「中洲でお店を出すなら福一」と言われるようになってきました。「店を出そうとする場合は、どこに行けばいいの？」という相談を受けた人も「それなら福一やろ！」とご紹介いただけるようになりました。

富士山は日本一。富士山と比べると、中洲は猫の額ほどに狭い範囲ではありますが、そこで一番になることが、会社を盤石にするためにとても大切なことでした。

けれど、この地域で一番になるには、15年の歳月がかかりました。

平成7年11月に独立。どう経営すればよいのか、悩みに悩んだ日々でした。当時の年商は750万円。私の年収は200万円程度。家に給与を持って帰れないことも多かったのです。独立後、35歳、自慢できるものは何一つなかった私でした。

経営者、起業家は、勉強し強い会社にしていかなければなりません。しかし、その方法は誰も教えてはくれません。特に、自分が実践している内容を具体的に話してくれる経営者はいませんでした。

収入も少なく贅沢などとてもできない私でしたが、家族に内緒で20万円も払って購入した20本のカセットテープに、今の私になれた秘訣はありました。

経営には法則があるのです。それが、「No.1の法則」(ランチェスター戦略)です。

商売をする上で必要な経営の3大原則は、「人・物・金」と言われます。私もそれまでは、そう信じていました。どれもなかった私です。しかし、そのカセットテープでは、「商品・地域・客層を限定することに経営の秘訣がある」と教えています。

起業当時の商品はマンション、土地、賃貸住宅、テナントで、不動産全般を扱っていました。九州全域を営業エリアとしていたので移動時間が長く、客層で言えば、お客さまがあれば誰でも会いに行っていました。このように、私が最初に行った経営は、No.1の法則とは真逆でした。何も勉強せず、行き当たりばったりで、売上になれば「どんなものでも」、「どこへでも」、「誰にでも」営業をしていたのです。

この状況が2年以上、続きました。収入は減る一方だったので、商品・地域・客層を限定する以外に方法はないと決断。かなりの勇気が必要でしたが、清水の舞台から飛び降りるつもりで実行しました。
そうしたことで「中洲で一番の不動産会社になる」という、とてもわかりやすい目標ができました。
商品・地域・客層を限定すると、社員にも明確に目標が伝わり、モチベーションも上がりました。今では、社員全員が地域の方々とさまざまな活動を一緒に行っています。15年前、苦悩していた頃の私には、想像もできないことです。

小さな会社にもそれなりのルールがあり、業界で100番以下の番外弱者であっても、商品・地域・客層を限定し、その中で一番を目指すのです。業界で有名な会社を目指すことが目標になってしまいがちですが、そんなことはどうでもよいのです。絶対に一番であることの方が重要な課題です。そのことが、この本でおわかりいただければ幸いです。

福岡市内にもたくさんの老舗と呼ばれる会社があります。また、利益率の高い会社も多くあります。どの会社のどの社長にお話をお聞きしても、起業した当時は、この法則どおりに経営をされています。

「深く穴を掘れ、自ずと口は広がる」やずやの初代社長矢頭宣男氏もおっしゃっていました。香醋の株式会社やずやさんは、商品は香醋。客層は健康を考えているお客さま。そのお客さまの話を詳しくお聞きして記録し、いつも丁寧に応対しています。お客さまお一人お一人の情報を深く知ることで、信頼を得て大きくなった会社です。

最初は、深く穴を掘らなければダメなのです。広く浅くではなく、狭く深くなのです。

株式会社石村萬盛堂という100年を超える老舗のお菓子屋さんがあります。福岡の皆さまから、最も愛されているお菓子屋さんです。

創業当初は「鶴の子」という和菓子を販売していました。贈答用お菓子として誰もが食べたことのある「鶴の子」。福岡の方々に浸透し、「鶴の子」とともに石村萬盛堂さんの知名度も上がり大きな基盤ができました。

現在は和菓子から洋菓子までの充実した品揃えで、市内近郊に多くの店舗があります。福岡の子どもからお年寄りまで、たくさんの幸せを届けています。

博多と言えば、辛子明太子。全国的に誰もがそう思います。博多の特産品として確固たる地位を築く礎となり、全国に明太子を広めたのが、株式会社ふくやさんです。相当の老舗と思われますが、まだ創業60年程です。創業当初から商品は、辛子明太子。博多で商売をしたい方に明太子の作り方を教え、「明太子の里《くに》・博多」を作り上げたのです。

この3社以外にも盤石な会社はたくさんあります。

私どものような小さな会社でも、地域・客層・商品を限定することで生き残っているのです。この本では、そのことをわかりやすく説明しています。読んでいただければわかりますが、誰でもすぐに実行できることばかりです。営業を担当している方にも十分役立ちます。

経営者、そしてこれから起業する方にとって、強い会社にしていくための参考にしていただければと願っています。

2011年9月

古川　隆

目次

第2章 半径500メートルに賭ける！

第3章 お客さまと親しくなる魔法の法則

第4章 接近戦で地域の信頼づくり

崖っぷち社長の
逆転戦略
中洲・福一不動産
半径５００メートルからの挑戦

プロローグ　20本のカセットテープがくれたきっかけ

呪文のようなカセットテープ

「移動時間はムダだ〜」
「移動時間はムダだ〜」
「移動時間はムダだ〜」

独立した頃のことです。車に乗っている間、何度も何度もカセットテープがそう言うのです。

毎日車に乗り、毎日聴くから、毎日同じ言葉を耳にしていました。

「長距離営業をしてはいけません」
「会社の近くを営業しましょう」

「営業エリアを限定してください」

長距離で動いてはいけない？　会社の近くを営業する？　移動時間はムダだって？　そんなことは考えてもみませんでした。

買いたいというお客さまが存在している以上、1時間かかろうが2時間かかろうが出向くのは当然です。

往復3時間、4時間かかっても、契約が決まれば安いもの。時間をかけずに儲けようなどと考えるほうが間違っている——当時は、そう思っていました。

会社は福岡市の中心部。出かける先はいろいろです。東区へ行くことも、南区へ向かうこともあります。市外へ出かけることも、県外へ向かうこともあります。

売れ残りマンションの販売を任された以上、売るためには現地で待機しなければなりません。現地に着いてからが勝負。お客さまが来場したら必死に案内し、説明をする。

販売現場への往復車中は、はっきり言ってヒマ。車内でラジオを聴いてもよし、歌謡曲を口ずさんでもかまいません。

そもそも、言っていることに納得できないのなら、そんなテープは聴かなければよいのです。しかし、どうしてもそのカセットテープを聴かなければならない理由がありました。20万円ものお金を払って買ったからです。

年商750万円なのに20万円の買い物

平成8年の7月、私は中小企業家同友会に入会しました。独立したばかりで入会金も毎月の会費も払えない状態でしたが、サラリーマン時代にお世話になった方に無理矢理に入れられたのです。

結果的に、同友会に入って良かったと思えることがありました。ランチェスター経営株式会社の竹田陽一先生と出会うことができたからです。以前、本を読んだことがあったのでうれしくて、熱狂的なファンになっていました。

それからは竹田先生が講師を務める勉強会へ積極的に参加し、やがてカセットテープの存在を知りました。

尊敬する竹田陽一先生のカセットテープです。欲しい気持ちはやまやま。しかし、私には買うお金がありませんでした。

実は、当時の年商は750万円。

漢字を間違ったわけではありません。年収ではなく年商です。数字を間違ったわけでもありません。不動産会社としての売上が750万円。

それから事務所の家賃・電話代・パートさんの給料を差し引くと、満足な生活費すら残らない有様でした。年収も、200万円を大きく下回っていました。自分で車を買うお金がなく、義理の父から軽自動車を借りていたほどです。

そんな経済状況でしたから、2000円か3000円を払って、月一回の勉強会に参加するのがやっと。

何十万もするシリーズや、販売されているセットをすべて合わせると200万円近くにも及ぶカセットテープを買うことなど、検討すらできない状態でした。

ところが先生は、毎月5000円の支払いでもいいからと言ってくれました。カセットテープ20本で20万円のセットも、48回払いでかまわないと言ってくれたのです。

正直なところ、当時の私にはそれでも高い買い物でした。しかし、買ったからには聴くしかありません。20本のテープを車の助手席に置き、販売するマンションへの移動中に聴きました。

1本聴いたら差し替えて、また1本。なにしろ20万円ですから、これを聴かないともったいない。そうでなくても、尊敬する竹田先生が作られたテープです。擦り切れるくらいガンガン聴きました。

こうして最初の半年間、狂ったようにカセットテープを聴き続けました。

完全に逆のことをやっていた

それまでの私は、「人・物・金」こそが経営に必要な要素だと思っていました。私には人に負けない営業成績がありましたし、よく働いてくれる優秀な嫁さんがいて、仕事のよくできるアルバイトもいました。人材面は問題なし。

物というのは売り物です。「このマンションの販売を古川さんにお願いするよ」と任されていましたから、物にも不自由しませんでした。

問題はお金。当時私が持ち合わせていなかったのはお金だけで、「それさえあれば経営はもっとうまくいく、もっと楽なはずなのに」と思っていました。

ところが、テープはそう言いません。20本のテープのどれを聴いても、「お金が必要だ」とは言わなかったのです。

「資本力がある大企業と同じことをしてはいけない」

「お金がない小さな会社には、お金をかけないやり方がある」

「経営に必要なことは商品・地域・客層を決めること」

どのテープを聴いても、何度聴いても、そう言うのです。聴けば聴くほど、どうやら私のやっていることは間違っている。いいえ、間違っているというより正反対。完全に逆のことを一所懸命にやっている……。

「確かにそうだ！」

テープから流れてくる話は正しいと確信したのです。営業先へ向かう間、移動している間は商談しているわけではありません。1時間運転しようが、3時間運転しようが、その移動中に契約は決まらないのです。

「車の運転をしているだけでは、仕事をしていない」と言われても、反論できません。移動中はお金が入ってこないどころか、ガソリン代を使うだけ。そんなこと、言われなくてもわかっているし、言われてもどうしようもないことです。

「移動時間はムダだ」

何十回も聞くと、「ムダにしなければいいんだ！」と思いましたが、現実は2時間かけて移動し、商談は15分の毎日でした。

怖かったから踏み切れなかった

このままではダメなんだ……。こんなことを続けていては、いつまで経っても年商が増えないし、年収も多くならない。自分の将来が確実に想像できました。

「絶対ダメだ。ダメダメダメダメ、自分がやっていることは反対なんだ。ムダなことばかりをやっているんだ。変えなきゃいけない。変わらなきゃいけない」

テープを聴けば聴くほど、移動時間は仕事じゃないと感じました。では、いかに移動時間を少なくするか。それには地域を絞らなければなりません。そして決心しました。

地域だけじゃない。商品だって得意なものに絞ろう、好きなものに絞ろうと思いました。客層だって、それまでは何も考えたことがありませんでした。客層は限定したほうがうまくいくと聞かされれば、限定していない自分が間違ったことをしていると気になってしかたがなくなりました。

「もう長距離はやめよう。2時間も3時間も車に乗るのはやめよう。ガソリン代ばかりかかって、運転ばかりして、お金にならない毎日はもうたくさん。ムダなことはやめなきゃいかん！　近くじゃないといかん！」

テープを聴く度に毎回、そう気持ちを強く持ちました。

しかし、なかなか地域を限定することができませんでした。

理由はただ一つ。怖かったのです。

そんなことをして本当に大丈夫なのか。今でさえ苦しいのに、営業地域を絞ったらもっと苦しくなるだけじゃないか——そんな気持ちがありました。

福岡市内でも、東区の奥に行けば時間はかかります。早良区は南北に長く、南に行けば往復にかなりの時間がかかります。

つまり、そんな遠くまで出かけても儲からないのに、地域を狭めたらどうなるだろう……もっと儲からなくなる、と思うのは当然でした。

福岡だけじゃありません。大分にも佐賀にも行きました。熊本だろうと、鹿児島だろうと出かけました。遠くに行けば行くほど、「仕事をした気」になりました。

だからなおさら、地域を絞ったら、仕事をしていないことになるんじゃないか——そんな不安を感じました。

「地域を絶対、限定しなければいかん！」

「テープの言うとおりにしないと、あとがない！」

やるべきことはわかっていました。それでも、怖くてできなかったのです。

1000万円稼げないなら社長失格？

平成8年が終わり、平成9年になりました。私は相変わらず、西に東に南へ北へと走り回っていました。

「竹田理論は間違いない。商品を絞ればうまくいく。地域を絞ればうまくいく。客層を絞ればうまくいく」

よく擦り切れなかったと思うほど、カセットテープを聴いただけのことはありました。頭には、やるべきことがしっかりと叩きこまれていました。

当時の私に欠けていたものは勇気だったのかもしれません。知識はあっても、決断力が不足していました。

そんな弱々しい背中を押してくれたのは、株式会社やずやの創業者・矢頭宣男社長でした。

平成9年の11月、矢頭社長が主催した勉強会に参加した私は、大きなショックを受けました。

「会社を経営する社長は大変な仕事。年収1000万円も稼げないのなら、やめたほうがいい。サラリーマンに戻ったほうがまし」

私にとっては衝撃的な言葉でした。なにしろ、その頃もまだ年収は200万円に届きませんでした。3カ月に1回、15万円か20万円を妻に渡すのが精一杯。年商が700万円台なのに、年収が1000万円など夢のまた夢。

年収が1000万円ない人は社長をやめたほうがいいと言われ、1回目に50人集まった勉強会の参加者が翌月の2回目には、15人ぐらいに減ってしまいました。

1000万円どころか200万円もない私が2回目にも参加したのは、迷っていたからです。サラリーマンに戻ったほうがいいか、このまま独立自営の道を歩むか——。とにかく矢頭社長の話す内容が衝撃的なことばかりで圧倒され、何がなんだかわからないうちに2回目の勉強会に足を運んだ感じでした。

この勉強会には全員、決算書を持参します。いろんなことを書かされ、聞かれます。ほかの参加者の年商は億単位。少ない人でも何千万円。

ほかの参加者は発表に値する数字があるからうらやましいのですが、なんといっても私は年商750万円。

経常利益は？　自己資本比率は？　と尋ねられても答えようがありません。答えるだけの数字がないからです。その場に居ても立ってもいられない気持ちでした。歯を食いしばりながら参加していました。

すべては4ページの経営計画書から始まった

それにしても、運命としか言いようがありません。この勉強会で書いた経営計画書が、後の経営に大きな影響を与えたからです。

といっても、すんなり書けたわけではありません。「4ページで作りなさい」と言われ、それならと思うものの、これが書けない。

会社の将来をどうしたいか。中心商品を何にするか。ターゲットとするお客さまは誰か。どんなビジネス展開をするのか。

書けないのです。どうしていいか考えていないから書けない。決めていないから書けない。でも、自分の会社です。自分の仕事です。いくらなんでも「書けません」というわけにはいきません。必死に考え、書きました。

書き入れる項目はどれも重要ですが、特に重要なのは目標です。福一不動産の目標を次のように書きました。

「中洲を日本一の歓楽街にしよう！」

目標を確定させたからには、それを実現するための方法を考えなければなりません。そもそも、経営計画書を書くということは社長を続けるということ。当然のことながら、年収は1000万円が確実となる計画を立てなければなりません。

1カ月かかってようやく書いた計画は、わずか4ページです。しかし、その4ページ分を実行するのには従来のやり方は通用しないだろうと気づいていました。

自分の年収を増やすことが目的ではありませんが、経営者たるもの、年収1000万円をとれるようにならなければだめだという。そのためには、なんとしてでも経営計画書どおりに成功させなければなりません。

そこでいよいよ決意したのが、「商品・地域・客層」の絞り込みでした。

絞り込みは、正解でした。特に、地域を絞ったことで商品も客層も絞られました。

結果、福一不動産を利用してくれるお客さまが増えました。毎年毎年、少しずつ増え続け、その成果は売上に数字となって現れます。

７５０万円だった年商が、いつのまにやら1億円を超え、年収も１０００万円をいただけるようになりました。

それもこれも「移動時間はムダだ～」という、あのカセットテープのおかげです。移動時間を少なくするために選んだ究極のエリアが中洲ですが、中洲という宝の山があったからこそ、社員を何人も採用できる会社になれたのだと思います。

では、その中洲とはいったいどういう街なのか。私に仕事の楽しさと喜び、やりがいと幸せを与えてくれる中洲について、次の章でお話しします。

第1章

歓楽街専門の不動産屋で生きる覚悟

▽▽リストラで独立。マンションの販売代理で東奔西走。猛烈に仕事をしているのに生活は全く楽にならない。商品・地域・客層を限定するしか残された道はなかった。

1 銀座やススキノと似ているけど違う夜の街、中洲

中洲の店舗２７００軒はすべて水商売向け

●ビルというビルのすべてが飲み屋さん

東京なら銀座、札幌ならススキノ。では、博多だったら？

そうです。スナックやクラブなどのお店がたくさん集まった歓楽街として、中洲は知る人ぞ知る夜の街です。

中洲は西日本最大の歓楽街。お店の数は２７００軒。この数が多いか少ないか、人によって感じ方が違うでしょう。

ちなみに東京の銀座には３０００軒以上の飲食店があると言われていますが、銀座といって

もけっこう広い。銀座1丁目から8丁目まではけっこうな距離があります。

その点、中洲はとても狭い面積です。那珂川と博多川という二つの川にはさまれた、文字どおり川の中洲がそのまま地名となっています。

川と川との幅は、わずか200メートルほど。中洲1丁目から5丁目まで、細長く小さい街。それが中洲なのです。

その細長い部分に2700軒ものお店があるのですから、密集度ではおそらく日本一ではないでしょうか。まあ銀座と似たような所か、と思う方がいるかもしれませんが、実はちょっと違うのです。


銀座には会社と飲み屋が混在しています。事務所や小売の店舗などが入った雑居ビルがあるかと思えば、飲み屋が入ったビルが並んでいます。

オフィスビルや雑居ビルと違い、上から下まで飲み屋が入ったビルを「ソシアルビル」と呼びますが、銀座には雑居ビルとソシアルビルが入り交じっています。スナック、クラブ、キャバクラ、そして居酒屋もあれば、事務所、百貨店、ブランドショップなどもたくさんあります。

ところが、中洲はちょっと違う。いや、ぜんぜん違うと言ってもよいかもしれません。スナック、クラブ、キャバクラ、居酒屋、それしかない。ビル、ビル、ビルと隣り合わせでビル

□ “ソシアルビルの島” 中洲

中洲のビル群。手前は那珂川に架かる「福博であい橋」。

が林立していますが、ソシアルビルしかない。川で区切られている島、つまり中洲は〝ソシアルビルの島〟なのです。

ススキノや銀座と同じような街でありながら、実は違います。特別な場所だと気づきました。

福一不動産は、この中洲を中心に不動産業を始めました。

中洲の店舗賃貸が専門です！

私が中洲で仕事を始めた平成9年は、2700軒あるお店のうち1400軒が営業していました。全体の51・8％です。店舗の半分しか稼働していなかったわけです。

それから10年、平成18年の終わり頃は、2700軒のうち2000軒が営業、74％の稼働率。10年間で25％も増えたのです。

景気が悪くなると引き合いに出されるのが歓楽街。デフレ不況が長く続き、「中洲は景気が悪い」と言われていました。

しかし、10年で600軒も増えたのです。年間60軒。もちろん閉める店もあります。1年で閉店する店が180軒、開店する店が240軒。差し引き60軒というわけです。

月に5軒は新しい店がオープンしているのですから、決して景気が悪いわけではありません。

むしろ景気はいいとみるべきでしょう。

その波に福一不動産も乗せていただいたということになります。店が開店する時は、必ず不動産会社の出番が来ます。

一般的に、不動産会社は土地売買の仲介をしたり、マンションや住宅の販売と仲介などをしている会社が目につくかと思います。大きな不動産会社ともなると、ビルを建設し、販売するといったこともしています。

実は不動産業務は、細かくみれば、１００種類以上あると言われています。賃貸、売買、建て貸し、不動産管理などかなりの数にのぼります。

その中でも、福一不動産の主力商品は店舗の賃貸です。店舗を借りたいという人が当社に来店します。「お店を探しているのですけど、いい物件ありますか？」と。その方の希望にあった物件を案内し、気に入っていただければ契約。

その物件を所有している大家さんがいます。中洲のようにソシアルビルが多いところは、大家さん＝ビルのオーナーという例がほとんどですが、その大家さんと借りたい人との仲介役をするのです。

しかも、飲食店向け店舗の仲介が主力です。スナック、クラブ、キャバクラ、ラーメン屋さんに焼き鳥屋さん……。なにしろ中洲という歓楽街を相手にしている仕事です。不動産売買の割合は小さいのが実状です。

ほかの不動産屋とちょっと違う

当社のような不動産屋はきわめて珍しい。いろんな方がそう言いますし、自分でもそうだと思います。

西日本一の歓楽街・中洲だけの不動産屋。スナック、クラブといった水商売の方を相手に営業している不動産屋。この顧客限定こそが商売の原点であり、成功法則なのです。

お陰様で講演依頼をいただくようになりました。珍しい経営をしている不動産屋だから、人前で話してほしいと頼まれます。

たまたま当社の存在を知った方はおもしろがってくれますが、全国各地へ講演に行くと、福一不動産を知っている人はほとんどいないことがわかります。

それでいいのです。知っているはずがありませんし、当社もまた全国的に有名になりたくて仕事をしているわけでもありません。

社員数15人の小規模な会社です。全国を制覇するつもりはありませんし、大企業になりたいわけでもありません。

不動産会社として仕事をするエリアを決め、そのエリア内でメジャーであれば言うことありません。

「そんな狭い範囲の賃貸物件を扱うだけで経営は大丈夫なの？」と心配してくださる方もいます。

当社の収入は仲介手数料がほとんどです。土地や建物の売買が多ければ、売買による収入が多くなりますが、当社は賃貸仲介が半分以上。

飲食店店舗を賃貸することによる売上が全収入の65％を占めます。家賃を回収したりクレーム処理、退去時の精算やリフォームなどを行う不動産管理の売上が30％。そして売買の売上が5％といった割合です。

仲介手数料は家賃の1カ月分。入居する人からいただき、大家さんからも手数料としてやはり1カ月分をいただきます。持っている店舗を人に貸したいわけですから、その広告料を当社に払ってくださっているようなものです。この合計が売上になります。

賃貸物件の仲介には、仕入れというものが発生しません。貸したい人と借りたい人をつなぐのが仕事です。店舗を買い取り、それを欲しい人に売るわけでもありません。仕入れがないビジネスなのです。

売上から仕入れた材料原価などを引いた残りが粗利益ですが、仕入れがない以上、売上がそのまま粗利益になります。その点も、一般的な業種とは異なる特徴です。

売買による売上が少なく、飲食店店舗の賃貸仲介による売上がほとんどという意味でも、当社はほかの不動産屋とは異なる会社なのです。

閉店する店と繁盛する店の違い

中洲のお店は10年で600軒増えたといいましたが、もちろん差し引き600軒のプラスということです。閉店する店がある一方、残念ながら閉店する店もまたあるのはしかたがありません。

開店した店がそのまま生き残れば、2700軒の店舗はすぐにうまってしまいます。繁盛する店は勝ち残るどころか2店目、3店目を出すことが可能。繁盛しない店はひっそりと店を閉めていきます。

では、どんな店が閉店し、どんな店が繁盛するのか。十数年にわたり中洲を見てきた私なりの視点で申し上げましょう。

〈閉店する店〉

中洲は夜の街。女性が夜働き、お客さまにお酒を飲ませる。そう表現して間違いありません。しかし、ただそれだけをしている店は繁盛しません。

女性が接客し、お酒を飲ませる。それのどこがいけないのか？　疑問に思う方がいるかもしれません。

でも、よく考えてみてください。女性が対応し、お酒を飲ませるだけのお店ならどこにでもあります。

ほかのお店と比べて差別化できていませんから、売上を上げるにはお酒をたくさん飲ませるしかありません。

しかし、お客はそんなに大量のお酒を飲めるわけではありません。そこでママと従業員がボトルのお酒を必要以上に飲み、ビールもどんどん頼む。

お客さまの気持ちなど考えず、店の売上を上げるためにボトルを飲み、飲んだら次のボトルを入れさせよう、ビールも飲め飲めとしかけてきます。

ボトルはウイスキーだと1万5０００円以上はします。焼酎だって８０００円はします。ビールは小瓶で1本1０００円。そのほかに氷や水などのセット料金もある。決して安い金額ではありません。

お客さまは馬鹿ではありません。まいったなあと思いながらも、酒の席でのことです。トラブルごとは避けたい。その場は何も言わず、店のやりたいようにさせていますが、次からその店に足を運ぶことをためらうはずです。

法外な値段を請求されたわけではありませんが、納得のいく支払いでないことはたしかです。それでも、もしかすると2回目もその店を利用するかもしれません。またまたお客さまの意志に関係なく、ママと従業員の女の子の注文はエスカレート。飲み物以外の注文もして売上を増やしていきます。

こうなると、たとえ2回行った店でも3回目はありません。メールや電話で来店の催促をされても、お客さまはその店に行くことはありません。

お店に行くかどうかの決定権はお客さまが100％持っていて、店には全くありません。どの店に飲みに行くか、選ぶ権利はお客さまにあるのです。

お客が来なくなった原因が店側にあることに気づかないママがいます。不景気だからお客が来ない、忙しいからあのお客は来てくれない、その程度しか考えません。

女性が隣に座り、一緒に馬鹿騒ぎをすればお客は来てくれるし、喜ぶと思っている店って、残念ながら存在するのです。

なぜ、お客は来てくれなくなったのか。「あなたのお店が繁盛しないのは……」と親切に教えてくれる人もいません。
そんな店は、だんだんと閉店の時が近づいているのです。

〈繁盛しているお店〉

閉店してしまう店に比べて、繁盛しているお店の特徴は簡単に言うことができます。繁盛店はなによりもお客さまを大事にしているのです。

「お客さまを大事にする」という意味は、お客さまの目的を理解し、その目的を達成できるよう最大限の努力を惜しまない、ということです。

お客さまがお店に来る目的はさまざま。カラオケを歌いたいお客。酒を飲んでグチりたいお客。女の子と軽い話をすることが楽しいお客。仕事上のお客さまを案内し、そのお客さまに楽しんでもらうことが目的のお客。

繁盛している店は、それらさまざまなお客のニーズを察知し、それが満たされるように提供していくことがお店の仕事であることを理解しています。

もちろん売上は大切です。早くボトルを空にして新しいボトルを入れてほしいという気持ちは当然あります。

しかし、繁盛している店にには、お客さまの立場に立ち、やるべきこととやってはいけないことが明確に理解できるママと従業員ばかり。

お客さまはボトルを空にするために来店しているわけではありません。お客さまはママや女の子にお酒を飲ませるために来ているのではありません。

お店もまた目的がはっきりしています。売上を上げることが目的ではなく、お客さまに繰り返し来店していただくことを目的としています。

お客の存在を認め、お客の話を聞き、お客のわがままな気持ちを受け入れてあげることが売上につながると知っています。

人間はみな、自分を認めてくれる人が大好きです。お客さまがお店にいる間、それを意識して対応することが顧客満足になることを知っている店が繁盛しているのです。

ランチェスター戦略実践ポイント❶

▽経営とは「お客さまづくり」

経営でもっとも大事なのは、お客さまづくりである。お客さまに来ていただかなければ会社は成り立たない。

①売る側には、何の権利もない。０％である。

②お客さまに１００％選ぶ権利がある。

③選んでもらうことに努力すること。

お客さまに気に入られ、愛され、選ばれるためには何をすべきかを、日々考えることに尽きる。

2

昼の商人と夜の商人が生きる街

早起き店主と15時以降に活動するママ

博多商人の町で開業

ありがたいことに、「中洲といえば福一不動産」、「福一不動産といえば中洲」と言っていただけるようになりました。

具体的にどのように中洲を中心としたエリアを設定したかといえば、当社の事務所を中心にして半径500メートルの円を描き、その範囲を営業地域と決めたのです。

「移動時間はムダだ」というテープの声のおかげで移動時間を減らすことにしたわけですが、半径500メートルだと移動に時間はほとんどかかりません。

移動時間のことだけを考えれば、「言うことない！」エリア設定です。が、問題はその半径500メートルの円の中は、どんな地域かということ。

この円の中には二つの地域があります。一つは、博多商人の町、下町です。もう一つは飲食店がひしめく中洲です。

福一不動産がある福岡市上川端《かみかわばた》は、生粋の博多商人の町です。昔から商売が盛んな町で、古い町家がいくつも残っています。

博多が発祥の有名なお菓子屋さん、仏壇屋さん、明太子屋さんなど、全国区に育った会社も多数生み出しているところです。

当社のすぐ近くに川端商店街があります。博多から全国に進出した会社のほとんどがこの商店街の出身です。

この地でがんばり、次は福岡で一番の繁華街である天神に進出。やがて九州を代表する会社として大きく育ち、全国に進出しているのです。

福岡県福岡市にありながら、「博多」という呼び方にこだわるのは、それだけ歴史があり、古いものを大切にしている町だからでもあります。

「三代続かないと博多っ子とは言えない」

そんな場所に事務所をかまえてしまったことで大変な苦労をするのですが、地域に受け入れられ、溶け込めればよけいな苦労はしないで済みます。

それにしても、最初はとても冷たく感じました。厳しいというか、拒絶されるというか、相手にしてくれませんでした。

ところが、地域の活動に参加して認められたあとは、これぐらい親身になってくれる町はないんじゃないかと思うほど、面倒をみてくれます。

繁忙タイムは15時以降

エリア内のもう一つの特徴は、そう簡単には利益があがらない町であるということです。儲けにくい町。それもあとからわかったことですが、まず、来店するお客さまはほとんどが商売人。

「仲介手数料をまけろ！」

「あんたんとこのこれ（物件）はつまらんめぇもん（だめだね！）」

などと博多弁で一喝されます。

不動産業界においては、あまり売上にならない地域と言われていました。たしかに今でも不動産会社は、それほど進出してきません。採算が合わない所と思われています。

この地域の住人にはお金持ちが多く、みなさん自分の家を持っています。買う必要はないし、借りる必要もありません。

では、どんな人が当社に来るかというと、ズバリ水商売の人たち。支払いが悪く、ルーズ。昼間は寝ていて、活動するのは夜。もしかすると「バックに暴力団がいるのではないか……」と思われる人たちです。

水商売に対しては一般的に偏見があります。全員がルーズというわけではありません。ルーズな人がいることも事実ですが、一部の人たちだけです。

半径５００メートルを営業地域と限定すると、事務所へ来るのはそのような方々ばかりとなりました。

チラシを配り、「どうぞお気軽に！」と案内したら、来店するのは「昼間は寝ている」人ばかりでした。

でも、ちょっと人より早くタバコを吸った人であり、ちょっと人よりケンカ好きなだけであり、ちょっと人より遊び好きの人がいるというだけのことです。

ママさんたちには驚くほど頭がよい女性がいますし、従業員の女の子の中にもどうしてこんなに頭の回転が速いのだろうと感心する人が大勢います。

そういう女性たちが働いている中洲は、とても魅力ある町なのです。

当社は2階にあり、来客があると階段を上がってくる音が聞こえます。

「お客さんだ!」

どんなお客さまが来るのだろうと、ワクワクドキドキします。

はたして、ドアを開けて入ってくる方は、香水をつけた美人か、少し怖い格好をしたお店のオーナーや商店主。

時間帯にも一つの傾向がありました。みなさん、15時以降にやって来るのです。

これは、この地で商売を始めてから見えてきたのです。つまり、客層が決まってきたのです。不動産屋に来てくれるお客さまには一つの傾向がある。それなら、そのお客さまが必要とするもの、求めているものを提供しようと気持ちがかたまりました。

スナック、クラブ、キャバクラ、居酒屋の店舗です。そして、この地域で働く人たちの住宅もお世話したほうが喜んでもらえそうです。

商品・地域・客層——この三つが絞られてきました。あとは営業をするだけ。ここでサラリーマン時代の経験が生かされる時が来たのです。実績も上げていたので、自信をもって動き始められたのです。

では、福一不動産にとって重要なことを教えてくれるサラリーマン時代の営業を、少し振り返ってみます。

ランチェスター戦略実践ポイント❷

▽経営は商品・地域・客層の限定をすること

①商品……中洲のスナック、クラブ、居酒屋などの賃貸店舗紹介
②地域……半径500メートル。中洲、旧博多部
③客層……中洲で働く方々と、旧博多部の商店主
福一不動産は、これらの要因を限定したことで信頼を得ることができた。
この他にも、④営業、⑤顧客対策、⑥組織、⑦財務、⑧時間という経営の構成要因を限定していくことで、盤石な会社づくりができるのである。

3 トップセールスから一転、バブル崩壊で会社崩壊

800万円値下げのマンションを売るつらさ

売れまくった営業マン時代

私は卒業した大学は三流でしたが、工学部建築科でしたので、マンションに興味がありました。たまたま大学の先輩が「うちに来ないか？」と誘ってくれたのが大手マンションデベロッパーでした。

本社は大阪ですが、私が配属されたのは九州支店の営業課。入社した頃でも社員数600人、年商は600億もありましたから、大手と言っていいでしょう。

何の取り柄もない自分を入れてくれたのだから、マンションを売って売ってがんばろうと心

に決めました。

九州支店の営業マンは全部で30人。この中で一番を獲ろうと必死に飛び込み営業、会社に戻れば電話営業をやりました。

がむしゃらにがんばった甲斐があり、3年目には九州支店で売上1位、4年目には、全国の営業マンが1000人ぐらいに増えていましたが、それでも全国1位を獲ることができました。

私の成績も伸びましたが、会社もまた大きく成長しました。入社してあっという間に、全国2位のマンション販売会社に成長したのです。

マンションが売れ始めた時代でしたが、やがてバブル期が到来し、異常な状況になりました。飛ぶようにマンションが売れたのです。マンション1棟で100戸ぐらいが一日で完売したのです。

会社の売上は5000億円に達し、私のボーナスも200万円。課長に昇進していた私は取締役を目指して売りまくっていました。

値下げ幅が800万円

ところが、平成3年、「日本経済新聞」の一面に自分の会社のことが載りました。数百億円の支援を受けるというのです。

不安に感じた社員がどんどん辞めていきました。九州支店の課長であり、北九州営業所の所長を兼任していた私は、そう簡単に辞めることができません。

そしてある日、自分たちの販売しているマンションの所有者が変わるという事態に直面します。銀行から借りたお金を返済できなくなった会社が、物件の所有権を銀行に渡したからです。

完成して2年を迎えたマンションでした。しかし、3分の1くらいしか売れていない物件だったのです。

自分の会社が建てたマンションです。自社の商品です。それがある日突然、所有者が銀行に代わるのです。

それどころか、信じられない業務命令が出されました。昨日まで2200万円で売っていたマンションを、今日は1400万円で売れというのです。

所有者になったものの、銀行は販売業務ができません。そこで私たちの会社へ「販売代理をしてほしい」と言ってきたのです。

銀行としては、価格を下げてでもいいから早く現金に換えたい――理屈はわかります。しかし、同じマンションで同じ3LDKを買ったお客さまがいるのです。現に私自身が2200万円で売ったお客さまがいました。それにもかかわらず、800万円値下げして売れと言われたのです。

サラリーマンの宿命

トップセールスだろうが、営業所長だろうが、サラリーマンです。会社の指示には従わなければなりません。

どれだけ不条理に感じることであっても、会社に勤めている間は、「やれ」と言われたことは、絶対にやらなければいけないのです。

「人をだますようなことは、してはいけない」

親から言われていた言葉が仕事の邪魔をします。いや、親から言われていなくても、そんなことはしたくありませんでした。

社員として従うか、それがいやなら辞めるかのどちらかを迫られる毎日が続きましたが、やむを得なく売っていました。お客さんをだまして売っているという気持ちをかかえたまま。

以前、私から2200万円で買ったお客さまは、私を殺したいぐらいの気持ちだったでしょう。私自身も申し訳ない気持ちでいっぱいでした。

バブルが崩壊し、売れていたものが売れなくなるということが、これほど恐ろしいこととは思いもよりませんでした。

こんな状況では、人がどんどん辞めていくはずです。やがて、辞めずに残っている社員も辞めさせられる時がやって来ました。

ある日、会社からリストラ表を渡されました。九州支店もリストラの対象です。「悪いけど辞めてくれ。もう給料が払えない」というのです。

まず5人が辞めさせられ、その3カ月後には10人を辞めさせました。60人ぐらいの所帯だった九州支店も30人となり、25人に減り、そのうちに15人ほどまで減ってしまいました。

私はその15人の中に残っていたのですが、さらに10人がリストラされ、5人にまで減らされることになりました。

最後に残る5人の枠の中に、私の名前は入っていませんでした。

ランチェスター戦略実践ポイント③

▽戦術は、組み合わせると効果が出る

マンションが売れたのは、ともすると自分の実力と考えがちだが、いくつもの戦術を組み合わせることで、見込客を発見する確率が高まる。

飛び込み営業、電話営業、ポスティングという営業活動と、新聞広告や新聞折り込みチラシ、ダイレクトメール、インターネットなどの広告宣伝活動を、最低でも三つは組み合わせるとよい。

4 苦しい経験をしたから戦略の大切さがわかる

走り回るばかりで利益が出ない毎日

独立起業だけが残された道

「君に辞めてもらわなきゃいけなくなった」

ついに私も肩をたたかれました。12年間、ひたすら会社のために仕事をしてきましたが、「辞めてくれ」と言われました。

妻と子ども二人を養っていかなければなりません。転職しようにも、世の中は不景気のど真ん中。マンションを売ることしかできない男に働き口は見つかりそうもありません。

宮崎県の実家に帰るという手もあります。父は電気工事の会社を営んでいました。3、4人の小さな会社ですが、私一人ぐらい手伝う仕事は作れるでしょう。ところが父はこう言いました。

「帰ってきても、困る」

ちょうど1年前に弟が実家に帰っており、弟も父の手伝いをしていたのです。「お前はもう少し福岡でがんばれ」と言われ、実家に帰ることもできなくなりました。

それからは独立の準備を始めました。転職先を探すのではなく、独立しようと思った理由はたった一つ。

「私が社長だったら、人をだますことはしなくていいから」

独立するといっても、不動産業しか考えられません。大学を出てからというもの、マンション販売しかやったことがなかったからです。

できればマンションを売りたい。でも、土地や中古住宅だって売ることになるかもしれない。いずれにしても「不動産を売る」ということ以外に選択肢はありませんでした。

不動産業を始めるには、不動産業者免許が必要です。幸運にも、その資格を持っている人が協力してくれることになりました。

肩をたたかれてから約半年後の平成7年11月、私は会社を去りました。

血も涙もない〝追い出し〟業務

平成7年11月7日。私が会社を始めた日です。ワンルーム・マンションを借りて、机と椅子を置いただけの事務所でした。コピー機とファックスは友人に借りました。

初めての仕事は、中古マンションの売却。本当は、新築マンションの販売をやりたかったのですが、ぜいたくは言っていられません。

できたばかりの不動産会社に信用などあるはずはありません。「これを売ってほしい」、「こんな物件があったら買いたい」という依頼があればよかったのですが、独立したてでは紹介をいただける物件が少ないのは当たり前です。

ところが、ありがたいことに銀行の保証会社から仕事をいただくことができたのです。マンション所有者が返済に行き詰まり、銀行への支払いが滞る場合があります。債権が銀行から保証会社へ移った物件を売却するお手伝いです。

「ローン不払いの物件を売ってくれるのであれば、仕事を回しますよ」というので受けたわけですが、この仕事は血も涙もないものでした。

まず、物件が各地にバラバラに点在しており、北九州へ行ったかと思えば、次は大分、それが終われば福岡県の郡部という具合に、車で片道2時間も3時間もかかるのです。

ローンが払えなくなって売却しなければならない物件は福岡市内にもあるはず。というより、人口も建物の数も豊富な福岡市内のほうが圧倒的に多いはず。

今思えば、福岡市内や近隣の物件、あるいは販売しやすい物件は、他の不動産会社へ依頼していたのだと思います。

遠方の物件、そして売るのが困難な物件が、のどから手が出るほど仕事を欲しがっている不動産屋、すなわち当社へ回ってきたのでしょう。


ともかく、遠かろうが時間がかかろうが、指定されたマンションに行かなければ始まりません。ようやく着いたら、ローンが滞っている人に会います。会って面談をするのですが、早い話、「ローンを払えないのなら、このマンションから出ていってください」と追い出すことも仕事のうちなのです。

こういうケース、実は多かったのです。バブル期の給与をあてにしてマンションを購入。景気が悪くなり給与が半減。仕事がなくなった人もいれば、自殺しかけている人もいる。円形脱毛症ならまだましなほうで、悩んでいる人たちばかりでした。

「このマンションを売らなければなりません」

自分の立場に置き換えると、とてもそんなこと言えないはずですが、出ていってもらわないと販売できません。販売できないと手数料をいただけません。心を鬼にして退去してもらいます。

「これじゃあ、サラリーマンの時とあまり変わらない……」

「もしかしてサラリーマンの時より悪い……」

そんな思いにたびたびとらわれながらも、〝追い出し〟業務を遂行していたのです。

45万円の経費で50万円の売上

心を鬼にしなければできない仕事でしたが、一つだけ救いがありました。お客さまをだましているわけではないということです。

2200万円で売ったお客さまが住むマンションを、他の人に1400万円で売るようなことはしていないということです。

「人をだましているわけではない……」

そう自分に言い聞かせながら入居者を退去させ、室内をきれいにします。

そのマンションの間取り図などを書いたチラシを作り、新聞に折り込みます。部数はだいたい1万部。新聞そのものにも広告を掲載します。

これらの費用はすべて私の負担。売主が経費を負担してくれるわけではありません。仲介手数料から経費を差し引き、残ったお金が収入となります。

折り込みチラシと新聞広告で、一回あたりおおよそ15万円はかかります。宣伝をしたら、いそいそとマンションで待ちます。オープンルームと称してお客さまが見学に訪れるのを一日中待っているのです。

ほとんどの場合、広告1回で売れるわけではありません。広告2回で計30万円。3回で45万円。

不動産の売買は、売りたい人と買いたい人との両方から手数料をもらうことができますが、私の場合、買主から仲介手数料として50万円から60万円をもらうことがほとんどでした。

一切、広告代をかけずに販売できれば50、60万円の手数料がまるまる収入となりますが、まさかそんなことはあり得ません。広告1回で決まることもあれば、3回出してようやく決まることもあります。

3回の広告で売れた場合、経費は合計45万円。仲介手数料が50万円の場合だと、差し引き5万円しか残りません。なんとか1回で売ろうと思うのですが、商売はそんなに簡単なものではありませんでした。

儲からない日々を送っていると、いただける仕事はすべて引き受けようとするものです。

ある時、地元のマンション業者さんから「新築マンションの販売代理をしませんか」という話が舞い込みました。

お金になるなら、と売らせてもらうことにしましたが、一番うれしかったのは、パンフレットに会社の名前を入れてくれたこと。

「販売代理　福一不動産」と印刷されたパンフレットを手に、ウキウキした毎日が始まりました。

悪戦苦闘で空回り

販売を任された新築マンションは福岡市東区のはずれ。往復2時間以上かかる所にありました。当時は、ランチェスターも地域戦略という言葉も知りません。新築マンションを売ることができる。それだけで心ウキウキ。

私と妻とパートが一人。経理の仕事で来てもらっているパートの女性は現場で待機。お客さまが見学に来たら応対してくれることになっていました。

私はお客さまを回ったり、物件を探したりと外回りを担当。妻は会社で賃貸業務を担当。3人しかいないのに事務所と販売現場と、まるでお店を2軒持っているかのような状況です。

物件を探しているお客さまから電話が入るかもしれない。管理している物件の入居者から電話がかかってくるかもしれない。物件購入を検討しているお客さまを訪問して説明するのは夜。

仕事が終わって帰宅するのは、毎日23時過ぎ。日付けが変わってから帰宅することもしばしばでした。寝る間を惜しんで働きました。それなのに、思うように売れない毎日が続きました。いろいろなことを思い、考えました。子どもはまだ小さく、小学1年生と幼稚園。妻も仕事を手伝ってくれましたが、まだまだ子どもに手がかかる時期でした。夜中、自宅へ帰ると子どもが泣いていました。

私以上に働き、子どもの世話もする妻は、仕事で疲れ切っていたのでしょう。家に帰っても子どもに食事をつくるのがやっとだったのでしょう。妻は椅子に座ったまま、その場で寝ていました。私も疲れ切っていました。そんな生活を続けていたのです。

からだはクタクタで、心細い気持ちでした。一つだけ頭から離れないことがありました。それは、「こんなに忙しい毎日を送っているのに、なぜ、生活は楽にならないんだ」という思いでした。

今までの営業のやり方では、展望を描けません。今の営業のやり方では、いつまで経っても生活が楽になりません。

そんな頃、竹田先生との出会いがあったのです。

「今のままではだめなんだ。変えなきゃいけないんだ。商品を限定し、地域を絞り、客層を決めなければならないんだ」

その思いにとらわれていました。

しかし、いつまでも思っているだけでは何も好転しません。好転しないどころか、事態は悪くなる一方。

私は決意しました。

「今までの仕事のやり方を変えよう。変えなければならないことはわかっているのだが、実行する勇気がなかった。もう後がない。実行しよう。商品・地域・客層を限定しよう！」

その中でもまず、地域の限定をすることにしました。その頃、車に乗っている時間が長く、移動時間は何もお金を生み出さないことを身に染みて知っていた私は、何はともあれ、営業地域を絞ることが先決と考えたのです。

ランチェスター戦略実践ポイント❹

▽「移動時間」というロスを減らす

営業マンの仕事内容は、次の三つに分けられる。
①移動時間　②社内業務時間　③面談・コミュニケーション時間
訪問営業の場合、生産性マイナスの移動時間が、小口の取引で25％、業務用の販売業で35％、卸売業やメーカーで45％を超えないようにすることが何より大事である。

中洲コラム

❖こんな家主、中洲だけかも

「もう、店をやめる」と60歳くらいのママに打ち明けられる。長年、中洲でがんばってきたママだ。「どうしてやめるの？」と尋ねたら、

「借金が600万円くらいある。いつまで経っても返済しきらん。だから破産することにしました」

と返ってきた。

家主さんにそれを伝えたら、思いがけないことを頼まれた。

「あのママさんはね、30年くらい借りてくれた人なんです。いいお客さまです。がんばってきたのに残念です。古川社長、ママさんにこれを渡してください」

そう言って、50万円を預かった。驚いた。

ママさんに渡したら、声を出して泣いていた。

家主と言えば、〝家賃をしっかり回収するガメツイ人〟というイメージを持たれがちだが、決してそんなことはない。中洲の家主さんは実に人情がある。

「お互い様」といたわり、「長年ありがとう」と感謝する。これが商売の基本であり、人間の基本である。それを教えてくれる家主が、中洲にはいる。

第2章

半径500メートルに賭ける!

▽▽営業地域を片道平均2時間から、自転車で5分圏内に。「お前は馬鹿だ」と言われたが、やるしかない。地域に詳しくなり、受け入れられることが必要条件だった。

1

地域密着の本当の意味

5分以内に駆けつけられること！

福岡じゃなくて「博多」なんです

「ここは福岡やないったい、博多ったい！」

住所は福岡県福岡市、しかし博多区と続く。だから「博多」という地名にこだわる、というわけではありません。

博多湾という名前が今も残っているように、もともと博多と呼ばれた地であり、明治時代に博多と福岡が一つになって福岡市が生まれたのです。

私が事務所をかまえたのは、この博多のど真ん中。「旧博多部」と呼ばれる地域に福一不動産はあります。

「仕事をしたいのだったら、この場所でやったらどうかね？」という知り合いの勧めがあり、上川端町に事務所を借りたのです。

この上川端町を中心に、どうやって営業地域を決めればよいのか。移動時間はどれくらいまでかけてよいのか。決める基準を探しあぐねて、コンパスを持ち出しました。

地図を開き、事務所の位置にコンパスの足を刺し、グルリと円を引いてみます。半径を大きくしたり、逆に小さくしたりして円を引いてみますが、決め手が見つかりません。

だから、最初はしばらく歩きました。事務所を中心に四方八方、とにかく歩き回りました。毎日歩き続けると、少しずつですがいろんなことがわかってきました。

大きな道路を越えると、町の雰囲気が変わります。川を越えると、商圏が変わるのがわかります。学校区の区切りや歴史的背景、神社仏閣の地域区分の違いなどもわかります。

また福岡市は、城下町と商人町とに分けることができます。博多部は商人の町。一方、福岡は城下町。人の気質も異なることがわかってきました。

□福一不動産の営業地域は半径500メートル

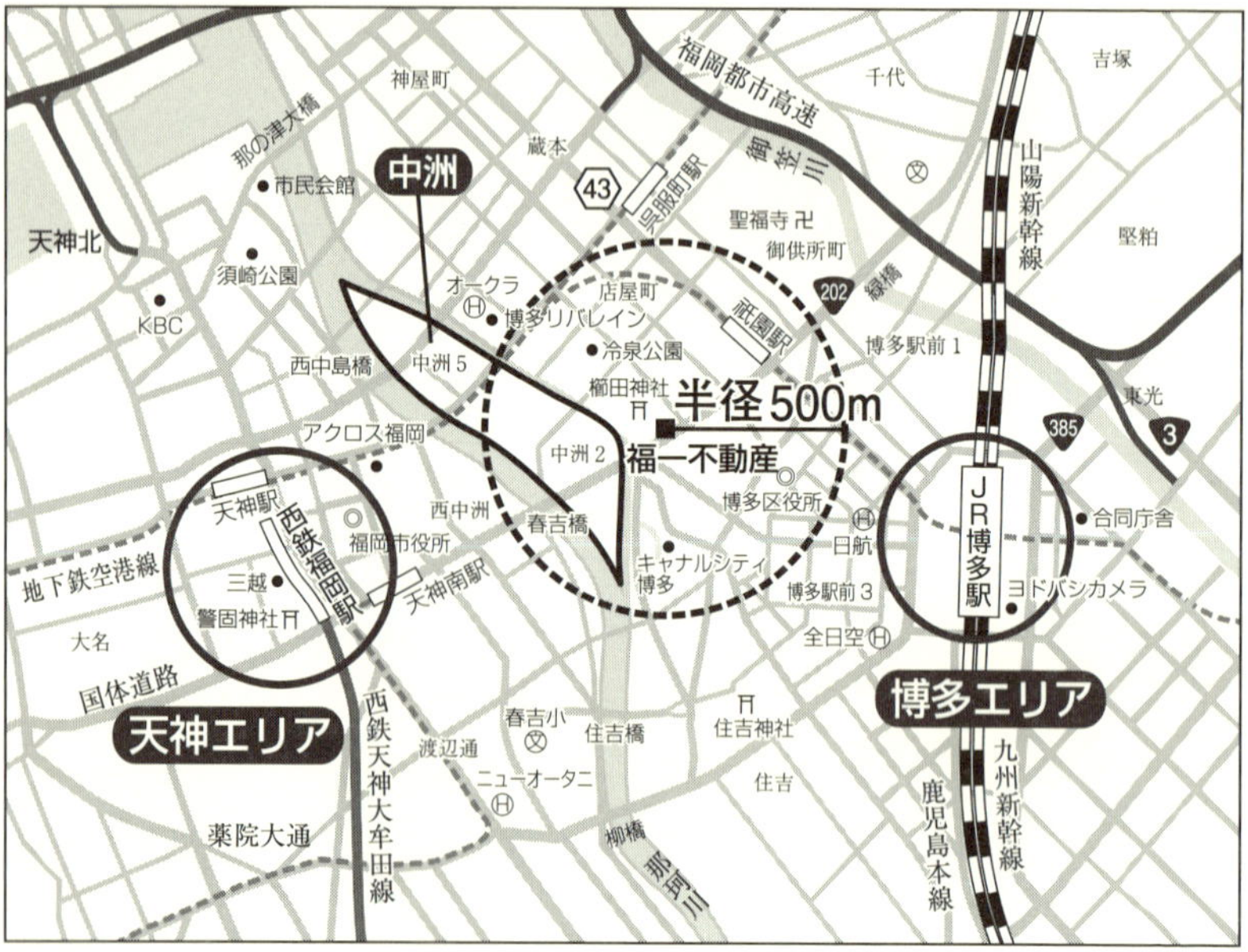

博多エリアと繁華街である天神エリアに挟まれた川の中洲が，福一不動産の営業範囲。

歩き回って決めた半径500メートル

初めのうちは、何がなんだかわからず歩き回っていましたが、同じ所を2回、3回と歩くうちに、町の特性のようなものが見えてきました。

そしてもう一つ、仕事をするうえで重要な時間の概念も生まれてきました。特に気になったのは、クレームがあった場合に駆けつけるための所要時間です。

以前は片道1時間や2時間などざらでした。「すぐ来てほしい！」とお客さまから電話があり、すぐに向かっても相当時間がかかりました。

しかし今は、近所を歩いていて、「歩いて10分圏内ならここまで来ることができる」、「走って5分ならここまで範囲を広げられる」と考えます。

不動産業は一件あたりの取引額が大きい商売です。売るほうも買うほうも慎重です。どんな買い物もそうですが、とりわけ不動産は絶対失敗したくないものです。

何百万、何千万円といった売買だけではありません。住宅や店舗、事務所を借りる場合でもお客さまは慎重です。一度借りたら、簡単に借り換えることはしません。

失敗したくないという気持ちから、同時にちょっとしたことでも苦情やクレームとなって不動産屋に連絡が来ます。

そんな時、どれくらいの距離ならお客さまを不快にさせることなく対応できるだろうかと考えました。

事務所を中心に歩き回った結果、出した数字が５００メートル。お客さまに迷惑をかけない範囲を、自転車で5分圏内と想定しました。それが半径５００メートル、直径１キロの円なのです。

九つの町が当社の庭

「半径５００メートルにしようかと思うんだけど、どう思う？」

友人10人に相談しましたが、「それはいい！」と言う人は誰もいません。

「お前は馬鹿だ」

「不動産屋が半径５００メートルでやれるわけがない！」

「そんな話、聞いたことがない」

誰もがそう言います。頭の中には、悩む自分と、もう一人の自分がいます。

「地域を狭くしろ」

「一番になれる地域に限定しろ」

「移動時間はムダだ」


やはりここは、一度決めたことをやり通すしかありません。

もしかすると、もう少し半径を広くしたほうがいいのかもしれません。しかし、お客さまのところに駆けつけられる範囲を考えると、やはり半径５００メートルという線が妥当だと思いました。


そこで今度は半径５００メートルの線をコンパスで引いてみました。中心はもちろん、事務所がある上川端町。

円の中に入った町は九つ。祇園町、冷泉《れいせん》町、上川端町、店屋《てんや》町、そして中洲1丁目から5丁目です。


大きく分類すると、川端地区と中洲地区。中洲は飲食店が多く集まっている地域ということはわかりやすいのですが、川端地区は、パッと見た目にはわかりません。

この川端地区に共通していることは、古い町であるということ。古いものを愛し、伝統あるものを大切にしている人たちの町なのです。

「博多祇園山笠」、「博多どんたく港まつり」といった、福岡市内でも伝統のある祭りを愛している人たちの町。

「旧博多部」といわれるこの一帯には、何代も前からこの地に住み、昔から「ここは福岡やないったい、博多ったい！」というような地元意識の高い町です。東京で言えば浅草のような下町なのです。

ここで仕事をしようと決めたからには、地元の人々に私の会社と顔を知ってもらわなければなりません。

ビルがあればオーナーにあいさつをして、福一不動産に仕事を任せてもらえないかと営業もしたい。マンションがあれば、やはり所有者に会って入居者募集を当社に任せてもらいたい。土地や建物を買いたい方、売りたい方がいるかもしれない。顔を売っておくにかぎります。

営業地域を決めてから、一件一件、飛び込み営業をしました。

「あんた誰な、帰りやい」の連続

「こんにちは！　福一不動産です！」

と明るく元気よく声をかけます。しかし反応は……。

「おまえ、誰な？　聞いたことなかね。帰りやい」

と博多弁で思いっきり断られます。「知らない。帰れ」、そう言われるのです。

無理もありません。地域の人たちには認知度ゼロの私です。しかも、顔を見たことがないということだけではなく、私のしゃべり方を耳にしたとたんに〝よそ者〟だとわかってしまうのです。

私は、同じ九州でも宮崎県延岡市の出身です。サラリーマン時代は福岡を皮切りに、熊本、鹿児島、北九州と転々としました。いろんな土地の言葉がまざり、自分のしゃべっている言葉が何弁なのか自分でもわかりません。

まして福岡の中でも、この博多部はしっかりと博多弁を話す人たちの町です。私はまったく博多弁を話せませんでした。

そうじゃなくても、私の話すイントネーションがおかしかったのでしょう。「あんた、どこ出身ね？」とよく聞かれたものです。

しかし、そんなことでひるんでいられません。地域を絞ったということは、この地域に骨を埋める決心をしたということです。

博多には友人も知人もいません。誰に会っても「あんた誰な？　帰りやい」の連続ですが、それでも飛び込み営業は続けました。

独立したての頃は、地域に受け入れてもらえないことがもっともつらいことでした。不動産の売買や仲介が決まらず、稼げないことも苦しい思い出ですが、それ以上にせつないのが地域に溶け込む苦労でした。

口を開けば、「あんた、博多もんじゃなかろう」という言葉の壁。
生まれ故郷ではない、見知らぬ土地で知った人がいないという壁。
祭り事のしきたり、生活上での習慣の違いにとまどうという壁。
仲介手数料を払わないといった商取引の習慣が異なるという壁。

まさに四面楚歌。この心細さを解消するにはもくもくと仕事をするしかありません。といっても、不動産業はもくもくとするほど忙しくない。はっきり言えば、ひま。そこで今度は、地域の特性をさらに詳しく知ろうと分析を始めたのです。
川端地区の特性はほぼ見えてきましたし、中洲もどんな町かは一目瞭然です。しかし、不動産屋にとってはどんな市場なのか。そこを調べてみる必要がありました。

ランチェスター戦略実践ポイント⑤

▽「都市型の一騎打ち戦的地域」で勝つ

経営力が弱い小さな会社が強い相手に勝つためには、孫子の兵法にある「勝ちやすきに勝つ」の教訓を応用して目標を決めるとうまくいく。

人口が多い大都市の場合、「山、川、鉄道、高速道路、国道、工場、学校」などで地域が分断され、独立性が高くなっている所を重視すべきである。

2

この市場で一番を獲る！

100棟30億の3割、10億を狙う

半径500メートルに30億！

ゼンリンの地図に掲載されている各ビルの入居店舗数を調べると、川端地区にはマンションと事務所が2300軒あることがわかりました。売り地や売りビル、駐車場もあります。これらはすべて不動産会社における商品です。

もう一つの地区、中洲には店舗が2700軒あることがわかりました。1丁目から5丁目まで、ほんの200メートルという距離ですが、そこには2700軒もあるのです。これらは賃貸物件として、やはり当社の商品予備軍と言えます。

軒数がわかったところで、次はどれくらいの取引が可能なのか、そろばんをはじいてみることにしました。不動産が1年でどれくらい賃貸募集され、どれくらいの価格で売りに出されるかを考えました。

そのうち、何％が成約するかをシュミレーションする。その仲介手数料はいくらぐらいになるのだろうか。賃貸物件の出入りは年間何％に上り、その仲介手数料はどれくらいか。中洲のビルは約１００棟ありますが、年間に何棟が売買されるかも推測。

かなり時間がかかりましたが、計算に計算を重ね、出た数字には驚きました。なんと年間30億円もの仲介手数料が見込めることがわかったのです。

福岡市全体を市場と想定した数字ではありません。福一不動産を円の中心とした半径５００メートル以内に、30億円もの仕事が眠っているのです！

30億円の市場で10億を目指す

計算する前から、ある程度大きな数字になるだろうとは思っていました。具体的に予想したり思い描いたりしたわけではありませんでしたが、何億円にも上るだろうとは感じていました。しかし30億円もの仲介手数料が見込めるとは……。

興奮がおさまり、冷静に考えました。市場としては30億円を見込めるというだけで、それ全部を当社で売り上げるのは無理だろうと思いました。

しかし、私の頭の中には、市場占有率の重要性がインプットされていました。

「市場の26％以上のシェアを取ったら、その市場でナンバー・ワン」と。

カセットテープで何度も聴いたことは忘れないものです。私は思いました。

「福岡全体の26％じゃない、限定に限定した半径５００メートル以内の26％を取ればいいのだ。きわめて狭い地域なのだ。地道にやれば３割も夢ではない。３割取ったら、間違いなくこの地域でナンバー・ワンになれる！」

26％を約３割と考えることにしました。30億円の３割は９億円。きりがいいところで10億。わずか半径５００メートルの範囲でも、３割で10億円の仲介手数料になるのです。

年商10億円と言えば、福岡市内の不動産会社でも５本の指に入ります。と言っても、そういう分析をしただけであり、10億が達成できる根拠があるわけではありません。実質的には何もスタートしていない状態でしたが、夢がふくらみました。

「年商10億円の会社になれる！」

将来が見えた気がしました。福岡市内を西へ東へ、福岡県内を北へ南へ、他の県まで右へ左へと動いても考えられなかったのに、半径500メートルに絞ったとたん、30億円の市場が浮かび、3割で10億円という目標が見えてきたのです。

地域は〝金の山〟

地域のことを深く知るにはどうすればよいだろうか。ワクワクしながらも、よい方法を見出せずにいた私に、神奈川県の不動産会社さんがヒントをくれました。その方もランチェスター戦略の勉強をしており、自分が実践している方法を教えてくれたのです。

その会社は、自分で土地を探し、ファミリー・レストランやディスカウント・ショップなどを建てて貸す、建貸業でした。

ここの社長は月に一回、車の両側にビデオカメラを設置し、幹線道路を走りながら道の両側を撮影するというのです。あとで録画したものを観れば、周辺の変化がよくわかると言います。録画してみると、車を運転している時には気づかない変化を見つけられると言うのです。

解体工事が始まれば、毎日通る道でも「ここ何があったっけ？」と思うことはよくあります。先日まで建物があった場所が更地になっているのを見つけた時は、その土地の所有者を調べます。所有者がわかれば営業に行き、商談を進めるという具合です。

その話にヒントを得た私は、ビデオを使うことで地域分析がさらに深まると考えました。車に設置するのではなく、自分の手でビデオカメラを持ち、地域内を歩くという方法を思いついたのです。

たしかに撮ったビデオを観ることで、地域のことが深くわかるようになりました。空き地や駐車場はどこにあるか。どんなマンションで管理会社はどこか。店舗の名前も、ビデオを観ることで鮮明に脳裏に記憶されました。

この土地は○○不動産、この駐車場は○○不動産が管理しているということもわかってきました。地域内のどこが変化しても、記憶されているビデオの映像との違いに気づき、即座にわかるようにもなります。

あるお店の看板が変わると、なぜかすぐ気づくようになるのです。それまでは、目に入った情報が頭の中を素通りしていたのでしょう。ビデオを撮ると、地域のちょっとした変化も見逃さなくなったのです。

やがて、ビルの外壁や看板、扉などの状態を見るだけで、新しい物件か古い物件かもわかるようになりました。

そういう観察力が備わってきたことで、仕事につながる予測も立てられるようになってきたのは、自分でも驚きです。

「この会社は、扉や看板のメンテナンスが悪い。もしかすると近いうちに廃業するかもしれない。となると、空室になり、賃貸募集物件に変わるかもしれない」

そんな推測もたてられます。「この地域は、掘れば金が出てくる金の山だ！」という思いが、日増しに強くなっていきました。

ランチェスター戦略実践ポイント⑥

▽「郡部型の一騎打ち戦的地域」で勝つ

都市部ではなく、郡部で営業をしている会社にも「勝ちやすい」地域がある。「海・山・川」で分断されて独立性が高く、市場規模が小さな地域を「郡部型の一騎打ち戦的地域」と呼ぶ。強い競争相手が少なく、新規開拓が続けやすいという利点がある。

3

絞ったエリアが生むビジネス求心力

「広く浅く」より「狭く深く」

チラシ１回15万円が３万円へ激減

「商品・地域・客層」。経営をやる上で明確に決めるべきこの３点について、地域を設定したことで商品・客層もおのずと決まっていきました。

事務所を中心に半径５００メートルと地域を決めたことで、商品もその地域の特性に合ったものが中心となってきたのです。

エリアの半分を占める川端地区では、商業用の賃貸物件が多くなり、中洲地区はスナックやクラブなどの店舗物件に限定されます。

地域が絞られたからには、お客さまも自然と限られます。特に中洲の物件は、店を開業したい人しか客層として考えられません。

これら経営の3大ポイントがある程度固まった以上、次なる課題は営業戦略。「何を・どこで・誰に」と決まった中から、「どのように」営業するか。

繰り返し聴いた20万円のカセットテープには、営業のやり方も語られています。そこで語られていることの一つに、「同じエリアへ繰り返しチラシを配布する」というのがあります。

不動産業にとってチラシは、非常に重要な営業活動。当然、これに取り組みます。「西日本新聞」、「朝日新聞」、「読売新聞」、「毎日新聞」、「日本経済新聞」にチラシを折り込んでもらいました。折り込み部数は４２００枚。

その他に、手配りする分が１２００枚。合計５４００枚を毎週、配布しました。印刷、折り込みなどの費用は、チラシ１枚あたり６円。５４００枚ですから、毎回３万２４００円のコストがかかります。

営業地域を絞る前は、１回あたり15万円から20万円のコストをかけて折り込み広告をしていました。一つの物件を販売するにも、広範囲にチラシをまくのが効果的だと信じていたからです。

何も勉強せず、考えもしなかった当時のやり方と比べると、１回に投じる広告費用は安くなりました。

創業から10年以上経った時点では、毎週６２００枚のチラシを配り続けています。その継続で、よそ者だった私たち福一不動産は「地域の方々」にかなり知っていただけていると感じられるようになりました。それほどチラシを配布しなくても、半径５００メートル以内のお客さまには認知されていると思われます。

それでもやはり、手配りを続け、当社の存在を知っていただこうと考えています。この取り組みが、中洲における占有率を高める重要な要素であることは間違いないでしょう。

狭い範囲にチラシを反復投入

狭い範囲に繰り返しチラシを配布する——。たくさんのチラシを広範囲に１回配布して終わりではなく、そのチラシを小分けにして、狭い範囲に繰り返し配布する。その方法が効果的あることは、実は私自身が体験していたのです。

以前、福岡市南区井尻の中古マンションを販売したことがあります。独立したのはいいけれど、地域を限定せず、あちこちへ移動時間をかけていた頃のことです。

例によって15万円をかけて宣伝しましたが、反応なし。もう一度、15万をかけてチラシを配布したところ、マンションが売れました。

さらに、すぐ隣のマンションから「売りたい」という話が出てきたので、それを請け負い、ほぼ同じエリアへチラシを配布。結局、このエリアでは3週続けて福一不動産のチラシが各家庭に届いたことになります。

さて、その1週間後、南区井尻で一軒家に住む方から電話がありました。「家を売りたい」というのです。

当社は博多区上川端町、お客さまは南区井尻。わざわざ1時間近くもかかる不動産屋に売却を頼まなくても、南区にももちろん不動産屋はあります。

「どうして、福一不動産へお電話をいただいたのですか?」

「あんたんとこ、ようチラシが入っとうやない」

3週間続けてチラシを配ったことで、このお客さまには〝いつもチラシが入っている〟ように感じていただけたのでしょう。

この出来事を予言していたかのように、カセットテープは教えてくれていました。

「1回の広告ではダメ。4回も5回も6回も、10回もやらなければいけない！」

「同じ地域に繰り返し何度もチラシを配布すると、効果が出る」

　チラシ配布を続けると、人の印象に残るのです。1回じゃだめ。何万枚ものチラシを広い地域に配布するより、何千枚かに分けて、狭い地域に何度も配布するほうが、お客さまの印象に残るのです。

　これが福一不動産における営業活動の基本となりました。原則どおりに実行すれば、予想された成果が得られる、ということを実証してくれたのです。

ランチェスター戦略実践ポイント⑦

▽会社に近い所を重視する

　来店型の業種では、来店したお客の住所を調査すると、面積で見て近い所から3割の中に70％のお客がいることが多い。70％のお客の外側に25％のお客がいて、残り5％のお客は、さらに離れた所に散らばっている状態でいることが多いのである。

　多くの人は、「チラシを入れるなら広いほうがいい」と考えがちだが、できるかぎり店舗周辺に投入すべきである。

4　地域・住人と福一不動産をつなぐ『月刊ゴジタ』

地域密着には地域新聞がベスト！

『月刊ゴジタ』発刊

中洲のネオンサインが大規模に破壊された事件をご存じですか。100棟近く建っているビルの屋上にある、電飾の看板です。めちゃくちゃなんていうものではありません。日本に繁華街は数多くありますが、よりによって中洲が狙われ、壊滅的な被害をこうむったのです。

意外と最近のことです。1991年、キングギドラによって壊されました。そうです、中洲が東宝の映画『ゴジラvs.キングギドラ』の舞台となったのです。

この映画の舞台となったことから、福一不動産の新聞『月刊ゴジタ』が生まれました。「ゴジタ」です。「ゴジラ」ではありません。

映画にちなんでゴジラという名前を使わせてもらえないかと、実は私、東宝さんまでお願いに行きました。まあ、無理かなと思ってはいましたが、やはり「ゴジラ」そのままは無理でした。

「ゴジタ、だったらいかがですか？　使ってもよろしいでしょうか」

本当は、「ゴジタ」というまぎらわしいものは認めたくなかったのでしょう。「まったく問題がないわけではない」ということですから、それなら使わせていただこうと、地域新聞の名前を『月刊ゴジタ』にしたというわけです。

地域新聞の発行を勧めてくれたのは、やずやの矢頭宣男社長です。経営計画書を書くことを仕込んでくれただけではなく、新聞発行の必要性まで教えてくれたのです。

やずやでは『招き猫』という新聞を作り、福岡市南区で折り込んでいます。地域の方々とおつきあいをするきっかけが生まれ、地域のみなさんに親しんでもらうツールとして『招き猫』が活躍しているというのです。

「古川さんも地域新聞を出しなさい。こちらから発信しなさい」という必要性を説き、背中

❏地域新聞『月刊ゴジタ』

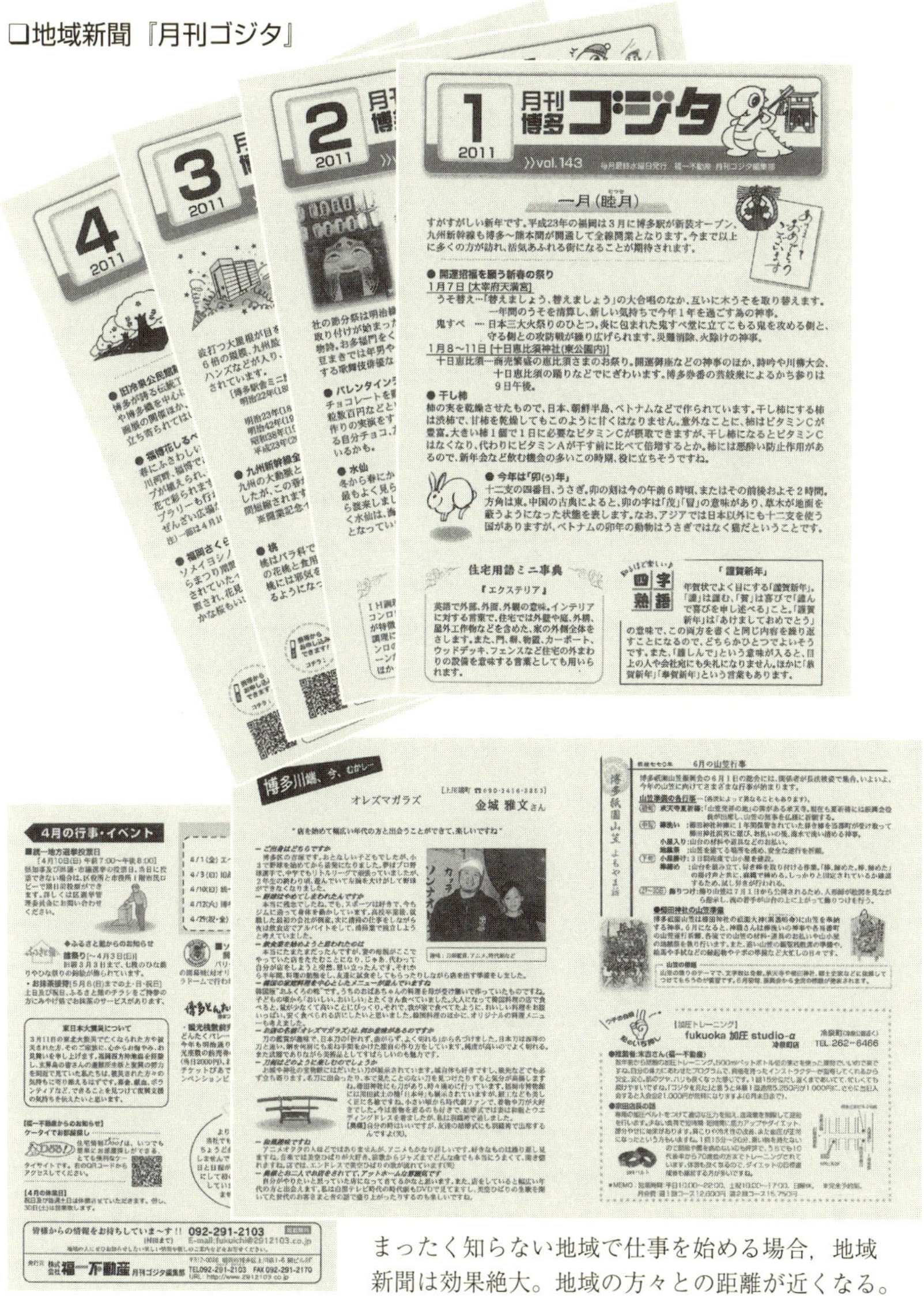

1　2011　月刊博多ゴジタ
》vol.143

一月（睦月《むつき》）

すがすがしい新年です。平成23年の福岡は３月に博多駅が新装オープン、九州新幹線も博多～熊本間が開通して全線開業となります。今まで以上に多くの方が訪れ、活気あふれる街になることが期待されます。

● 開運招福を願う新春の祭り

1月7日［太宰府天満宮］

うそ替え…「替えましょう、替えましょう」の大合唱のなか、互いに木うそを取り替えます。一年間のうそを清算し、新しい気持ちで今年１年を過ごす為の神事。

鬼すべ…日本三大火祭りのひとつ。炎に包まれた鬼すべ堂に立てこもる鬼を攻める側と、守る側との攻防戦が繰り広げられます。災難消除、火除けの神事。

1月8～11日［十日恵比須神社（東公園内）］

十日恵比須…商売繁盛の恵比須さまのお祭り。開運御座などの神事のほか、詩吟や川柳大会、十日恵比須の踊りなどでにぎわいます。博多券番の芸妓衆によるかち参りは9日午後。

● 干し柿

柿の実を乾燥させたもので、日本、朝鮮半島、ベトナムなどで作られています。干し柿にする柿は渋柿で、甘柿を乾燥してもこのように甘くはなりません。意外なことに、柿はビタミンCが豊富。大きい柿１個で１日に必要なビタミンCが摂取できますが、干し柿になるとビタミンCはなくなり、代わりにビタミンAが干す前に比べて倍増するとか。柿には悪酔い防止作用があるので、新年会など飲む機会の多いこの時期、役に立ちそうですね。

● 今年は「卯（う）年」

十二支の四番目、うさぎ。卯の刻は今の午前６時頃、またはその前後およそ２時間。方角は東。中国の古典によると、卯の字は「茂」「冒」の意味があり、草木が地面を蔽うようになった状態を表します。なお、アジアでは日本以外にも十二支を使う国がありますが、ベトナムの卯年の動物はうさぎではなく猫だということです。

住宅用語ミニ事典

『エクステリア』

英語で外部、外面、外観の意味。インテリアに対する言葉で、住宅では外壁や庭、外構、屋外工作物などを含めた、家の外観全体をさします。また、門、塀、物置、カーポート、ウッドデッキ、フェンスなど住宅の外まわりの設備を意味する言葉としても用いられます。

四字熟語

「謹賀新年」

年賀状でよく目にする「謹賀新年」。「謹」は謹む、「賀」は喜びで「謹んで喜びを申し述べる」こと。「謹賀新年」は「あけましておめでとう」の意味で、この両方を書くと同じ内容を繰り返すことになるので、どちらかひとつでよいそうです。また、「謹しんで」という意味が入ると、目上の人や会社宛にも失礼になりません。ほかに「恭賀新年」「奉賀新年」という言葉もあります。

まったく知らない地域で仕事を始める場合，地域新聞は効果絶大。地域の方々との距離が近くなる。

を押してくれました。

「不動産の仕事は、地域密着が一番。成功させるには地域新聞が最適だ！」と言っていただきました。

これまた願ってもいないチャンスです。地域の人とおつきあいする突破口が開けるかもしれません。なにしろ、たった半径５００メートルなのに四面楚歌状態。何か地域と密着したことをやらなければならない、と考えていた時でした。

やるからには絶対、発行し続けよう。毎月１回は必ず出そう。どんなことがあっても続けよう。そう固く決意し、月末の水曜日を発行日と決めました。

平成11年の２月に第１号を作って以来、毎月欠かさず発行しています。発行予定日から遅れたことはありません。10年を過ぎても続けていると、もはや発行するのが当たり前。

しかし、そんなことが言えるのは今だから。最初の１、２年は「『ゴジタ』なんかやめてしまおう……」と何度も思ったものです。

知名度の低さに苦戦、愕然

『月刊ゴジタ』は、地域の人や出来事にこだわって書いている新聞です。毎号、地域内の商店主を取材し、その人やお店、会社に関することを目玉記事として掲載。行事やイベントの案内、博多にまつわる話も載せたりしています。

創刊号は、事務所の2軒隣にある電器屋さんに取材依頼をしました。創刊号を出すまでには大変な苦労をしましたが、よく考えれば創刊号だけではありません。しばらくは取材先を探すのも苦労しました。しかし、弱音を吐いていられません。

地域に関わる新聞を、この地域で商売をしている福一不動産が発行し続ければ、そのうち存在意義を見出してくれるのではないか、そう信じて発行しました。

もちろん最初は、福一不動産のことも私のことも、誰も知りません。開業1年目は、飛び込み営業と並行して『ゴジタ』も発行しましたが、当社の名前をいっこうに覚えてもらえません。

発行してからの苦労だけではなく、発行前から悪戦苦闘。「無料ですから取材させてください」とお願いするのですが、「うん」と言ってもらえません。

断られたら次の人。また断られたら次の人、とリストを塗りつぶしていきます。最初の頃は3人、4人、5人とお願いしても、「なんがこげなとに載るか!」とすげなく断られてばかり。

知名度の低い福一不動産が、そのまたさらに知られていない『月刊ゴジタ』という名前を出したところで、ご理解をいただけないのはやむを得ません。

「『月刊ゴジタ』？　聞いたことないねぇ」と言われるぐらいなら、まだいいほう。「はいはいはい、わかったわかった、はいはい」と返事はしてくれるのですが、結局は取り合ってもらえない。そんなやりとりに明け暮れていました。

地域に根づくまで発行し続ける！

なぜ不動産屋が新聞を出すのか、誰にも理解してもらえません。何弁を話しているのかわからない、つまり何者かわからない不動産屋から突然、取材をさせてほしいと言われて戸惑った方も大勢いたと思います。

まあ、1年目はしかたない。なんたって1年目。そう簡単に事は運ばない。最初はがまん、でも2年目なら、と毎月せっせと取材を重ねて発行。

ところが、2年目も同じ。誰も「『ゴジタ』を見た」とは言わないし、「あんたが『ゴジタ』を発行している福一不動産かい」とも言ってくれない。まして、「『ゴジタ』を見たから」とお客さまがやって来るわけでもない。

まったくと言っていいほど反応なし。反響なし。発行している意味なし。

「どうしてなんだ！」と叫びたくなるほど効果がありません。やめてしまおう、と何度も何度も思いました。

『月刊ゴジタ』はB5判で4ページ。1ページ目には、その月の風物やいわれを調べて書きます。2ページ目が、地域で活躍されている方を取材したもの。3ページ目は、年間を通しての特集と地域のお店紹介。4ページ目は、地域の行事と編集後記という内容です。

取材した内容はプロのライターに原稿としてまとめてもらいます。レイアウト・デザインもプロへ依頼。1回製作するのに5万円ほどかかります。

何らかの反応や効果が出ているのなら、この費用は気になりません。しかし、2年経っても沈黙の毎日。当然ながら、当時の福一不動産にはこのコストも大きな負担でした。

やめようかと思う反面、絶対続けると誓った自分を裏切ることはしたくない。少しは知名度があれば別ですが、まったく無名の不動産屋。会う人、会う人に、「あんた誰や」と言われる毎日。

「絶対、地域に根づいてやる！」

そんな意地に支えられて、新聞を発行していたのです。

「石の上にも3年」は正しい

「石の上にも3年」と言いますが、この言葉に間違いはありません。「石の上にも3年」は事実です。『月刊ゴジタ』は3年間、何も反響がありませんでした。

ところが、3年経ってようやく、「『ゴジタ』を見たよ！」と声をかけてもらえるようになったからです。

「あんた福一さんね。『月刊ゴジタ』、見とうばい」

道で擦れ違う際、声をかけてくれたのです。

当時のうれしさはいまだに忘れられません。それまでは、誰も何も言ってくれませんでした。こちらから「こんにちは！」と声をかけても、返事もいただけません、あいさつも返してもらえなかったのです。

毎号取材させていただく方は、半径500メートルの地域内で商売をしている方と決めています。知り合いだからといって、他の地域の人を載せるわけにはいきません。このポリシーだけは強く持ち続けています。

そう申し上げると、「取材先を探すのに苦労するでしょう」とよく言われます。掲載記事のネタに困っているのでは、と思う人が多いようです。

しかし、まったく困ったことがありません。たしかに半径500メートルという距離は、自転車で5分もかからないほどの狭さです。ところが、取材ネタはまだまだいくらでもあるのです。

3年を過ぎてからは、取材のお願いも快く引き受けてくださるようになり、それどころか「あの店を取材したほうがいい」、「あそこを取材するなら紹介するよ」と、取材先の紹介までいただくこともあります。

『ゴジタ』で会話のきっかけづくり

オープンした店にとっては、『月刊ゴジタ』の取材を受けて掲載されることが、地域での登竜門のような感じになってきた、と言ってくださる方もいます。

今では地元のご年配の方々も楽しみにしてくれています。みなさん、知っている人が載っているとうれしいのです。私と共通の話題が生まれ、そこに会話が発生します。

通りを歩いていると、向こうのほうから「福一さん！」という声。見ると、近くに住むおばちゃんが立っています。

くれます。

「福一さん、今月は○○さんやったねぇ。あん人は、広島県出身やったったい」と声をかけて
声をかけられ、『ゴジタ』の話をしてくれるおばちゃんの顔を見ながら、「ウチもようやく地域に溶け込むことができたのかな……」という思いが胸の中を駆け抜けました。とてもうれしい瞬間でした。

取材されている人とよく会っている人でも、相手の出身地や趣味までは意外と知らないものなんですね。「今度は誰が登場するとかいな」と、毎月楽しみに待ってくれている人がいることが私たちの喜びでもあります。

地域の方々との親交が深くなることが、こんなにもありがたいことかとしみじみ感じてきました。地域の行事や会合に参加させていただくと、『月刊ゴジタ』の発行者というだけで、みなさんによくしていただくこともあります。

地域の方はほとんどが不動産を所有しています。お持ちの不動産のことで何か悩みがある人がいると、「福一不動産に行って相談してみなさい」と紹介していただけるようにもなりました。

開業したての不動産会社など、弱者も弱者。弱者の中でも番外の番外弱者が地域に認められ、地域の方から仕事をもらうまでに時間がかかるのは当たり前のことです。

根気よく続ける。「地域のためにやる」と決めたことはやり続ける。その姿を地域の人たちは

静かに見てくれているのです。

〝売り〟抜きの地域新聞

『月刊ゴジタ』が地域のみなさんに読んでいただけるようになった理由の一つに、〝売り〟がまったくない、ということがあると思います。不動産広告を一切載せていないのです。

福一不動産という不動産会社が発行する新聞ですから、店舗でもマンションでも「入居者募集」という広告を載せてもかまわないはず。と言うより、堂々と広告を載せるのが一般的でしょう。

しかし『月刊ゴジタ』には当社の広告は載せていません。発行元として「福一不動産　月刊ゴジタ編集部」と小さく載せているほか、下のほうにもやはり小さく「発行　福一不動産」と載せているにすぎません。

目的は、営業ではないからです。あくまでも地域の方々に当社の存在を知っていただくこと、地域の方々に認めてもらうこと、地域の方々とおつきあいをさせていただきたいことから発行し始めたからです。

『月刊ゴジタ』は地域新聞に徹したのです。不動産を売り込むツールではなく、知らない地域で親しくなっていただくためのコミュニケーション・ツールに徹しました。

この紙面に営業広告を載せていれば、おそらく現在のように親しく接してもらえなかったと思います。直接的な売り込みがないからこそ、今では地域の公民館の人たちとも接点を持てるようになりました。


こちらから情報を発信するだけではなく、情報提供もたくさんしていただけるようにもなりました。

私だけではありません。『月刊ゴジタ』のおかげで福一不動産の存在が認められ、福一の社員というだけで見知らぬ人にも受け入れていただけるようになりました。

平成22年時点の発行部数は毎月６２００部。４２００部は近隣への新聞折込み、２０００部は手配りしています。

発行していて毎月不思議に感じることがあります。『月刊ゴジタ』を見た人は、掲載されている人と私とが知り合いだと思ってくれるのです。

たしかに会ったことはあります。が、取材の時に初めて言葉を交わしたという方もいます。お願いして、お願いして、やっと取材にこぎつけ、ようやく掲載の了解をいただけたという方もいます。

ところがその記事を読む人は、そんないきさつを知りません。「こんな町の名士と古川さんは知り合いだったんですか！」と〝勘違い〟してくれるのです。

「いいえ、なんとかお願いして取材させてもらったんですよ」と説明していますが、地域新聞の効果をあらためて実感する出来事と言えます。

知られていない地域だからこそ、不動産を売りつけるための〝広告新聞〟ではなく、地域の情報のみを考えて発行したことがよかったのだと思います。

ランチェスター戦略実践ポイント⑧

▽見込客に合った印刷物を作る

ダイレクトメールやチラシ、パンフレットなど、お客さま向けの印刷物を作る場合、「見込客は誰か」という点を明確に絞ることが重要である。

福一不動産のようにニュースレターを発行する場合も、読者対象は会社か個人か、男か女か、年齢は……などの対象をはっきりと絞る。

こうした場合、印刷物の傾向は、男性は「論理7分に感情3分」、女性は「感情7分に論理3分」と認識するとよい。

中洲コラム

❖「家抜け」ってご存じですか？

スナックやクラブの店舗がメインの不動産仲介業にとって、〝最大の難関〟は何か。同業他社との競合、ではない。この業界、同業者とは競合にならないのである。実は、店舗の所有者である、大家さんが最大の難関なのだ。私どもは、大家さんに嫌われたら一巻の終わりということである。

どれだけたくさんの入居者が「借りたい」と言っても、入居希望者が「高い家賃を支払います！」と言っても、大家さんに「貸さない」と言われたらビジネスは成立しない。大家さんに断られることを、不動産業界では「家抜け」と言う。どれだけ営業して、入居者に物件を気に入ってもらっても、大家さんから断られては水の泡。

貸してくれる大家さんがいて、借りてくれる入居者がいて、両者を仲介する福一不動産があってこそ、みんなハッピーな「三方良し」が成立するのである。

第3章

お客さまと親しくなる魔法の法則

▽▽「何を、どこの、誰に」が決まったあとは、「どのように」が重要となる。お客さまとの接点を増やすには、直接会うだけではなく〝間接的な訪問〟も有効となる。

1 誰もが理解できて行動できる仕組みがこれだ！

契約は接触回数で決まる

5回会えば親しくなれる！

「見込客を売上につなげたい」

そう願っている人は大勢いることと思います。

「いろいろな人と深くおつきあいができるようになりたい」

「お客さまに気に入られるようになりたい」

「できる営業社員になりたい」

そう思っている方に共通していることがあります。人とのつながりを深くしようと思っているということです。

人とのつながりを深くできるかどうかは、接触回数で決まることをご存じでしょうか。とにかく接点を数多く持つことです。

では、どれくらいの接点を持てば深くなるかというと、福一不動産には一つの法則があります。それは5回会うことです。

これまで1回か2回しか会っていない人を思い浮かべてください。そのまま頭の中で想定してもらいたいのですが、その人と5回会うことができれば、最初に会った時よりかなり親しい関係になっていると思いませんか？

人は5回会うと、とても親しい関係になることができます。

「やあ！　元気にしてる？」

「お！　今日も忙しそうだね」

などと声をかけやすくなるような気がしませんか？　相手からも気軽に声をかけてもらえるようになると思いませんか？

会う回数が増えれば増えるほど、親しくなる度合いは深まります。できればこれくらいという数が、５回なのです。５回会うことができれば、かなり親しくなれると私は思います。

成果を上げる魔法の法則

実際には、初めて会ってから短期間で５回会うのはむずかしい。私もそう思います。でも、直接会わなくても、擬似的な面会方法をフル活用するのです。

電話、ＦＡＸ、ハガキ、手紙、Ｅメールを活用すれば、相手と親しい関係を築くことができることは容易に想像できるでしょう。

そこで福一不動産では、人とのつながりを深くするための手段をカウント数で計算することにしています。それが「成果を上げる魔法の法則」です。

合計して５カウントになるように考えていますので、通称「５カウントの法則」と呼んでいます。

アクセス・カウントは次のとおりです。

【成果を上げる魔法の法則】アクセス・カウント数

会う　　……1カウント
電話　　……0・5カウント
FAX　　……0・5カウント
ハガキ　……0・5カウント
手紙　　……0・5カウント
Eメール……0・5カウント

直接会うことがベストですから、「会う」というアクションを1カウントとします。それ以外の方法はすべて0・5と数えます。

これらを組み合わせ、重ねることで5カウントを達成しようというものです。

人との接点を種類ごとにカウントしていき、5カウントに到達すれば、その人とはかなり親密な関係になっているということです。例えば次のような感じです。

初回面談から5カウントに到達する例

①知人の紹介で会った。　……1カウント

②会ったその日にお礼のハガキを出した。……0・5カウント
③後日、会いに行くアポイントの電話をした。……0・5カウント
④アポイントの日に会った。……1カウント
⑤会ったその日にお礼のハガキをもう一度出した。……0・5カウント
⑥少し日が経ってからメールを送った。……0・5カウント
⑦近くに来たので、と突然訪問して会った。……1カウント

この1から7を合計すると5カウントになります。

短期間に親しくなりたければ、1カ月以内に、それもなるべく早いうちに5カウントの接点を持つことです。

なるべく早く5カウントに到達するには、最初に会った時に、また会えるように工夫することが必要です。2回目に会える口実をどんなことでもいいからつくっておくと、1カウントになりやすいからです。

会えばハガキを出すこともできるし、メールを書くこともできます。電話をしたり、メールを出すことで、また会う理由をつくることができます。

ただし、5カウントになればいいというものではありません。1年がかりでようやく5カウ

ントになっても、はっきり言って効果は薄いでしょう。

三日で5カウント制

福一不動産ではどのようにカウントを積み上げていくか、具体的に紹介しましょう。

まず、仕事の流れとして、お客さまが来店された際に、ご要望をうかがい、その希望に合った物件情報を紹介します。

それらの物件を案内できれば、有望見込客となります。そこまで進めば、人間関係がかなり深くなるのではないでしょうか。

どのお客さまにも物件を案内しますが、ポイントは、どれくらいの期間で5カウントを達成するかです。当社では「初めてお客さまに会ってから三日」でできるように、と指導しています。


福一不動産における「三日で5カウント」の例

①ご来店いただいて接客をした。……1カウント
②来店お礼のハガキを送った。……0・5カウント

③物件資料をＦＡＸした。……０・５カウント
④ＦＡＸの内容を説明するため電話をした。……０・５カウント
⑤物件を見にきていただく案内の電話をした。……０・５カウント
⑥次の日にご来店いただいた。……１カウント
⑦物件ご案内のお礼のハガキを送った。……０・５カウント
⑧ご案内後の電話連絡をした。……０・５カウント

重要なことは、短期間でカウントを上げること。当社の社員は、ほぼ三日以内でどんどんカウントを上げていきます。

お客さまとの距離は近くなり、結果的に成約にも近づきます。売上を伸ばす社員は、この方法を理解し実行しています。

接点の多さが売上に直結

カウント数を多くする社員は、それを楽しみながら仕事をしています。お客さまとの接点を多くすることが、結果的には売上につながることに気づいたのです。例えば、月に１００カウ

ントを超えると、1カウントが売上1万円に相当するとわかったのです。

営業社員の中には成果主義者とプロセス主義者がいます。成果主義者の営業社員でも、5カウントの方法を知ると考え方が変わり、行動が変わります。毎日のカウント業務を売上につながるプロセスと考え、仕事をするようになるのです。

例えば、月に150万円の売上を実現させようと決めたとします。1カ月の稼働日は平均22日。プロセス主義で考えれば、一日あたり8カウントで目標が達成できるとわかります。

「売上！　売上！」と思わなくてもいい。無理をすることなく、楽しんでカウントをあげてくれます。楽しみながら目標を達成することができるというわけです。

ランチェスター戦略実践ポイント⑨

▽通信訪問、間接訪問を増やす

決定権者や影響を及ぼす人と人間関係を深めるには、ＦＡＸやハガキなどの通信手段を利用するとよい。直接会いに行くことができない場合、間接的に面会する方法である。

ＦＡＸで注文が入った時は、ＦＡＸでお礼と納期などを知らせると、お客はとても安心する。また、ハガキや手紙は、お礼や感謝の気持ちを伝えるのにとても有効な方法である。

2 営業力を数倍高めるハガキ活用

〝笑ってもらえる〟ハガキが相手の印象に残る

会えなくても会える「マイ・ハガキ」

立体ハガキをご存じですか。私が使っている「マイ・ハガキ」です。オリジナルのハガキですから、私から届いた方はご存じですね。

二つ折りにしてもらうマイ・ハガキですが、上半分にあいさつ文が書けるようになっています。下半分には似顔絵が描いてあります。

似顔絵が80％、会社の住所や電話番号、携帯電話の番号が20％というウエイトです。携帯電話の番号は営業社員には必須だと思います。相手が不在の時でも、関心を寄せてくれれば直接電話をしてくれる場合が結構あるからです。

名刺にメモを記入するのも一つの方法ですが、私は似顔絵が描かれたハガキを使っています。このハガキを「真ん中から二つ折りにして、机の上に置いてください」という依頼をします。飛び込み営業をした場合、お客さまが会ってくれる確率はせいぜい10％ぐらいではないでしょうか。会えない場合は、インパクトのあるツールを置いてくるのが望ましいわけですから、二つ折りのハガキはかなりおもしろがっていただけます。

先方が不在の場合、ハガキを置いてきたら、すぐに電話をかけてコンタクトをいただける時間を尋ねます。

マイ・ハガキを使いはじめてから、アポイントが取れる確率は80％にも達しています。ほかの営業マンがやっていない方法だけに、効果絶大なのです。

どうしても会っていただけない時はどうするか。出勤時間が早い人であれば、朝、会いに行くことを勧めます。

そのお客さまのファンになることが大切ですから、ストーカー的な行動により会える瞬間を見つけることです。

「そこまでするると嫌われるのではないだろうか……」と気にする人がいるかもしれません。

しかし、嫌われてもいいというぐらいの気持ちで行動しなければ始まらない、と思いませんか。

会えなければ営業は何もスタートしません。会うために、会える場所、会える時間、会える方法を考え出すのは当然のことです。

いつもハガキを持ち歩く

営業をするうえで理想の姿は、お客さまに会うことです。商品の良さを見てもらうにも、サービスのすばらしさを理解してもらうにも、会って説明できればベストです。

お客さまへ報告したり、お客さまから相談を受けたりする場合も、会って顔を見て話すことができれば理想です。

しかしお客さまの都合もあり、いつでも会えるわけではありません。私どもの仕事でも、お客さまへの報告のたびに会うことはできません。お客さまから返事をいただく場合に、毎回必ず会うことはむずかしいのが現実です。

そんな時に有効な営業ツールがハガキなのです。手紙もメールも電話もありますが、お客さまとのコミュニケーションを深める点では、もっとも効果が高い方法です。

❑二つ折りにできる「マイ・ハガキ」

「二つ折りにして机の上に置いてください」と
お願いする。こんなハガキは誰も使っていない。

私は自分の似顔絵を印刷したマイ・ハガキを利用していますが、インパクトが強いわりに愛着を感じてもらえるようです。

似顔絵を描いてもらう場合のコツは、なるべく不細工に仕上げてもらうこと。本人の特徴をとらえながらも、「ぷっ！」と笑える不細工さが、心がほがらかになり、親しみを感じてもらえるからです。

ハガキのあいさつ文はせいぜい6、7行まででよいでしょう。定型文を作っておけば、相手の名前の部分を替えるだけですぐ完成。福一不動産でもいろんなパターンの定型文を作っています。

ポイントは、お客さまを訪問した場合、お客さまと別れてすぐに出すこと。その時の気持ちを書くことができるし、話した内容も覚えています。書く内容にいちばん困らないのは、お客さまと会った直後だからです。

そのために、ハガキはいつでも携帯しておきます。ハガキとペンと切手をカバンに入れておけば、電車やバスの中でも書いてすぐ投函できます。

「ありがとうハガキ」でつながる

お客さまを呼び込む「魔法の法則」（５カウントの法則）でも、一番多く使われるツールはハガキなのです。

お客さまに会うことを１カウントと数えれば、ハガキは半分の０・５カウントですが、「ありがとうございます！」という気持ちを込めて自筆で書くと、０・５カウントが０・６カウントか０・７カウントまで上昇するように思います。

「ハガキにありがとうの気持ちを込める」ということについて、おもしろいことを言っている友人がいます。ハガキを販売している有限会社ホワイトベースの小串広己社長です。

ホワイトベースは、ハガキしか売っていない会社ですが、その販売枚数は日本一なのです。

その小串社長が講演でいつも言っていることがあります。

それは「お願いハガキ」ではなく「ありがとうハガキ」でなければダメだ、ということです。

「お願いハガキ」はダイレクトメールと同じ。結局は「私の会社の商品を買ってください」を伝えるだけになってしまう、というのです。

企業である以上、宣伝は必要ですが、ハガキまで宣伝っぽくしたくない。それではダイレクトメールや商品カタログと同じになってしまいます。

感謝の心を伝えるだけのハガキにしたほうが、逆に営業効果が高くなる、と小串さんは言います。

その点、「ありがとうハガキ」は気持ちがよい。

「先日はお忙しいなか、お時間をとっていただきありがとうございました」という内容に徹すれば、感謝の気持ちを伝えるハガキ、ありがたいという心を伝えるハガキになるのです。

宣伝は一切なく、「ありがとうございます！」を伝えるハガキは、もらった側がうれしくなるものです。福一不動産でも、営業ツールとしてハガキが一番多く使われているのです。

最初は下手でもよい

最初はうまく書けないかもしれません。おかしな文章になるかもしれません。でも、おかしくてよいのです。

出すことに意義があると割り切って、どんどん書くことをお勧めします。

もらった側は、何も届かないよりはずっとうれしいもの。文章は書けば書くほどうまくなりますから、〝出した者勝ち〟と考えてください。

私の似顔絵ハガキも、たったの７行です。字数はなるべく少なくしています。字数が少なくてもいいのであれば、自分でも書けると考え、実際、書けるようになったのです。ハガキを書く枚数が多い場合は、一日何枚書くと決めて毎日書くとよいでしょう。慣れてくると、１枚につき４分もあれば書けるようになります。一日10枚書くとしても40分。この時間は「お客活動の時間」として毎日確保することで仕組みとなります。

ハガキを出しはじめると、いろいろと工夫するようになり、より良いものを出したいと考え始めるものです。私も最初は文字にバラつきがあり、誤字も多かったと思います。しかし、今では筆ペンで書くまでになりました。

お客さまに直接会うことを除けば、ハガキほど簡便に心が伝わるツールはない、と今では思っています。

福一不動産社内には、いただいたハガキを掲示するコーナーを作っています。お客さまにもご覧いただけるよう、公開しています。その心温まるハガキを見ると、手書きでのものが一番だなあ、といつも思います。

❏お客さまからいただいたハガキを社内に掲示

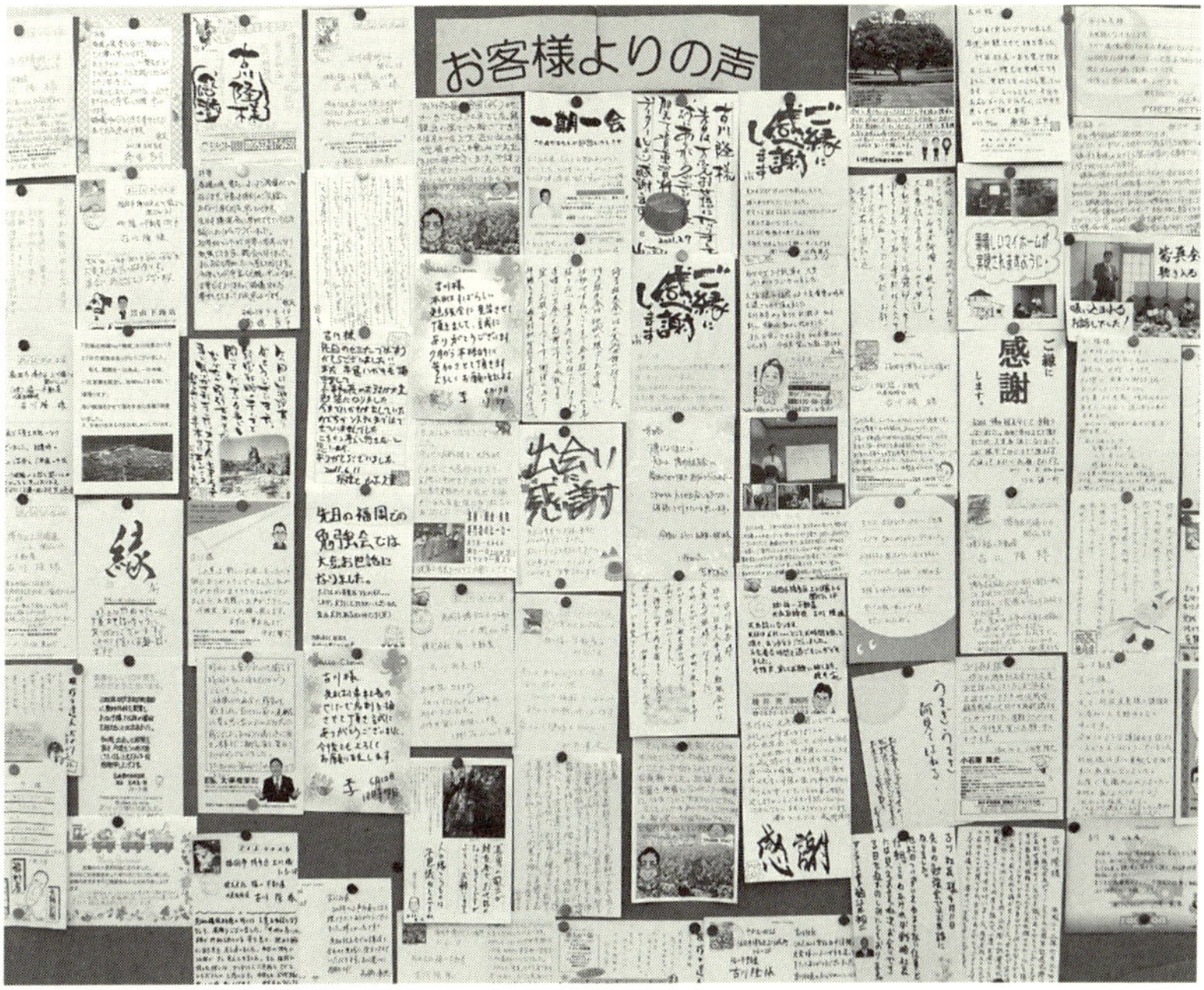

社内には，いろいろな方からいただいたハガキを
貼るコーナーがある。自筆で書いたものが一番。

ランチェスター戦略実践ポイント⑩

▽お客さまから忘れられない「ハガキ戦術」

商品を買ってもらったり有料のサービスを利用してもらったりしたあと、次に注文してもらうのがかなり先になるかもしれない業種では、何もしないとお客さまとの人間関係が薄れ、やがて忘れられてしまう。

お客さまに忘れられないためには、１年に４～６回の「コミュニケーション・ハガキ」を送るとよい。

3

売れる営業マンが育つかどうかは社長次第

商品力より「聞く営業力」が重要

聞いて、聞いて、聴く

お客さまに会うことができたら、次に何をすべきか。

聞いて、聞いて、聴くことです。お客さまの話を聞くことです。自分の話は決してしてはいけません。

お客さまがホームページやブログを持っているのなら、あらかじめ目を通し、準備していた質問を順番にすることです。

お客さまは、あなたのスター。心からファンになったつもりで、目を光らせて相手の話を聞いてください。

聞く時間なら、いくらかけても大丈夫。相手が時間切れになるまで聞きまくってください。相手が「もういい」と言うまで聞き続けてください。

自分のファンになってもらってイヤな人はいません。人は自分が認められることが最も心地よいのです。自分の話を聞いてくれる人を好きになるのです。

準備した質問が終了したら、次は名刺を隅々まで見て質問するとよいでしょう。

お客さまの出身地が自分と同じだとしても、「私も同じです！」と、こちらから言わないことです。私であれば、「自分も宮崎県出身なんですよ！」と言いません。

では、相手が宮崎県出身であることが名刺を見てわかった時は、どうするか。それを題材にして質問できる項目が増えたと考えればよいのです。

自分が宮崎県出身だから当然ですが、宮崎のことに関しては何かと豊富に知っています。相手も同じですから、共通する話題がたくさんあるということになります。

質問できる項目がたくさんあるほうが、営業上は有利。こちらがしゃべるのではなく、相手に話をさせるためにも、なるべく知っていることは言わず、質問に変えていくことが〝デキル営業〟のコツと言えます。

よく見られるのが、お客さまのほうが営業力もあり、質問もうまい場合。いつのまにか営業マンが話し込んでいるというケースがあります。

質問20%、回答80%くらいがいいでしょう。時折質問し、お客さまに答えてもらう。それを繰り返すことができれば、お客さまは満足します。

その満足した瞬間、お客さまは営業マンのファンに変身。そのタイミングこそクロージングの瞬間です。

商品3分、売り7分

あなたのところへ飛び込み営業は来ますか。私の会社へは、よく飛び込みで営業マンがやって来ます。

「社長さんはいますか？」と訪ねてきた場合、時間がある時は会って話を聞くようにしています。

しかし、聞いても5分程度。名刺交換をお願いされた時は、すぐに名刺を渡して帰ってもらいます。

飛び込み営業マンの役割は、自社商品の良さをアピールすることだからです。私がその商品を必要であろうとなかろうと、「弊社のすばらしい商品を購入しませんか」と勧めるのみ。そんな方法でもたくさんの件数を訪問すると、たまたまその商品を探している人に出会うのでしょう。しかしそれではかなり効率が悪い。

営業の世界では、１０００件回って３件は売れるという意味で「千三《せんみつ》」と言いますが、これではきっと利益が出ないのではと考えてしまいます。

商品を売るため、営業をするためではなく、営業マンを教育するためにこんな飛び込み営業をさせているのだろう——そう考えてしまいます。

間違ってはいけないのは、営業マンが悪いわけではない、ということです。商品が良いから売れるはずと考え、営業社員に商品を売らせている社長の考え方が間違っているとしか思えません。

営業活動を行う場合、私の持論は「商品30％、営業70％」です。商品の良さだけでは売れないということを意味しています。そうでなければ、商品が良いだけで売れるということになります。しかし現実は違います。

にもかかわらず、「商品が良いから買ってくれ！」と飛び込み営業が来る。良い商品であれば売れると信じている人が非常に多いことがわかります。

商品より大切なのは売る人本人、営業マンなのです。営業マンの人格や仕事に対する思い、その人の営業経験などが買う側にとって重要となります。

この営業マンは、信頼できる人なんだろうか？
この営業マンは、売りっぱなしではないだろうか？
この営業マンは、買った後も対応してくれるだろうか？
この営業マンは、商品の使い方などの相談にのってくれるだろうか？
この営業マンに、だまされる心配はないだろうか？

これらたくさんの疑問をクリアしないと商品を買えないのは、あなたも同じではないでしょうか。

話を聞いてみたくなる営業マンの条件

「この営業マンから話を聞いてみたい」
そう思わせる営業マンは、どんな営業マンでしょうか。もし、こんな営業マンがやって来たら、私はきっと「なかなかいい奴じゃないか！」と思い、「この営業マンから買ってもいいかな」と思うかもしれません。

例えば、こんな営業マンです。

当社へ飛び込みで入ってきましたが、商品の話はせず、福一不動産の電話番号について質問をしてきた場合です。

「フクイチフドウサンだから、２９１の２１０３なんですね！　会社名と電話番号が一緒なのは珍しいですね。全国的にみても珍しいのではないでしょうか。この番号をどうやって取られたのですか？　教えていただけますか」

そう聞かれれば、「それはね……」と答えると思います。自社のことですし、いいところに目をつけてくれたなと、うれしくもなります。

その営業マンはさらに質問をしてきます。

「福一不動産という会社名は福岡で一番という意味ですか？　教えてください」

そう尋ねられれば、「それはですね……」と答えます。

あるいは、「宮崎県出身の古川社長がなぜ、福岡で会社を始めたのですか？　苦労はなかったのですか？」と質問されれば、私はどんどんしゃべってしまうだろうと思います。

最初から商品の話をしてくるのは押し売りであり、こちらがその商品に関心がなければ、聞きたくないというボタンが押されます。

しかし自社のことや私のことについて聞いてくると、すべて答えられる内容ですから答えたくなるものです。

しかも真剣に聞いてくれて、興味を持ってくれたなら、「いい営業マンだな」というボタンが押されるのです。

一般的に営業マンは自社商品の話を聞いてもらいたがります。しかし、自分のことより、目の前のお客さんのことを尋ねるほうが、結果的に販売につながります。相手のことを知ることのほうが何倍も大切なのです。

当社も同じ。どれだけいい物件でも、商品の力は30％。私たちの営業、つまり対応こそお客さまに支持される70％なのです。

ランチェスター戦略実践ポイント⑪

▽商品3分、売り7分

地域対策、業界・客層対策、営業対策、顧客維持対策の四つは、広い意味での営業対策である。これらは、経営を構成する8大要因のうち53％の比重を占める。

一方、商品対策のウエイトは27％。つまり「商品3分、売り7分」となる。比重が高いものに力を入れることで、業績が良くなることを忘れてはならない。

中洲コラム

❖繁盛店ママは立派な戦略社長

中洲で店を持つママさん全員が明るく社交的で、経営センスにあふれているわけではない。

心がすさみながらも無理をして表情をつくり、前向きに生き抜こうと、けなげに頑張っているママ。苦手なお客がたくさんいるのにグチ一つ言わず、いつも笑顔でサラリーマンのグチを聞き続けるママ。来週こそもっとお客さまを、来月こそきっと黒字に、と大切な貯金を切り崩しながら明日を夢見るママ。

そんな経営者には頑張ってほしいと心から思う。しかし、多くのママが客足に悩み、回収に悩み、人に悩み、貯金がなくなり、店をやめていく。

スナックやクラブの店を持つということは、ほかのすべての業種同様、戦略や戦術が不可欠であり、想像を絶する努力が要求される。

あらゆる面で、自他ともに心を鬼にする厳しさやたくましさが必要だ。それだけに中洲で長年お客を増やし続けているママは、立派な戦略社長である。

そんなママの社長業をあなたもぜひ〝見学〟へ。

第4章

接近戦で地域の信頼づくり

▽▽営業地域を狭くしたことで目標範囲も狭くなり、戦力の分散を避けることが可能になった。地域の集まりに参加することで、町の人に認めてもらうことができた。

1

地域密着とは体力勝負？

祭りに参加することで家族全員が〝営業社員〟

地域の会合に夫婦で参加

この地域で営業活動をしようと決めたからには、福一不動産の存在を知っていただき、私という人間を認めていただきたい。それができなければ、大事な不動産を私たちに預けてはもらえないからです。

では、地域の人に私を知ってもらうためには何をすればよいか。それは地域の人が集まる場にできるかぎり出かけること、参加することです。

地域で開かれる会合には、何はともあれ参加しました。博多法人会、ライオンズクラブ、自治連合会、地域内の小学校や中学校で行われる会合、中洲連合会、中小企業家同友会、商工会議所、宅建協会等々。

いろいろな広報物で調べて参加、近所の方に教えてもらって参加、どんな集まりに参加しているかを人に尋ねて参加、とにかく何でもいいから、自ら輪の中に入ることを心がけました。どんな会合なのか、最初はわかりません。わからないけれども、「参加することに意義がある」と考え、顔を出すことに決めました。

相手の目の前に出かけ、顔を出し、相手のふところに飛び込み、直接自分たちを知ってもらう。〝接近戦〟を行い、会合一つひとつに参加し、地域の方一人ひとりと〝一騎打ち戦〟をすることにしたのです。

参加した会合をリストアップすると、けっこうな数になります。当然、私一人では回れません。参加する会合を妻と分担し、女性が行ったほうがいい催しには妻に行ってもらいました。昼もあれば、夜の会合もあります。参加することが仕事と考え、二人三脚の日々が始まりました。

「福一不動産の古川と申します。よろしくお願いします」

ビール瓶を持って各テーブルを回ります。相手に注ぐと、二人に一人は返杯をしてくれます。

返杯をしていただいた飲み物は、必ず飲み干さなければならない。目の前で飲んでから、次の人へあいさつに回ります。

私が33歳の頃のことです。いろいろな会合に参加する年配の方から見れば、どんどん飲めそうな若さと体格。飲めると思ってビールを注いでくれます。

ところが私は、あまりお酒が強くない。はっきり言えば飲めないほう。しかし、会合はほとんどが夜。懇親会はつきもの。懇親会が終わったら、場所を替えて飲むこともしばしば。「お酒は飲めません」などということが通用しません。少しでも知り合いを増やすには、飲めない酒も飲まなければなりませんでした。

酒に弱い私は、よくトイレで吐きました。吐かない時でも、酔いすぎてフラフラ。歩くのがやっと、という状態でした。

懇親会のあと、二次会でスナックに行くことがありますが、気分が悪く、席でじっとしていられません。風にあたりに外へ出て、ビルの階段でひとやすみ。そのうち睡魔に襲われ、よく階段で寝ていたものです。

役員に名乗りをあげる

会合に参加し、あいさつを欠かさず、飲み会にも参加する。それはそれで重要なことでしたが、ある日、もっと効果的な方法に気づきました。会合の役員を進んで引き受けるということです。

一般的にどの会合も役員不足。役員改選の時期には立候補者が現れず、運営する側は困っているものです。

みなさん、それなりに忙しい。役員を引き受けるということは時間も労力もかかります。人間関係上のストレスだって感じることがあるでしょう。担い手がいないのは十分理解できます。

私は、ある時から思い切って名乗りをあげました。

「私でよかったら」

誰からも推薦されていません。自分から立候補するのです。

新参者の私を見て、「あいつは誰だ？」とけげんそうな顔ばかり。その場に集まっている人たちはみんな知り合い。子どもの頃からの遊び仲間であったり、長年、苦労をともにしてきた商店主仲間だったりします。

よそ者は私一人。いぶかしがられるのも無理はありません。

隣同士でひそひそ話を始める人もいます。

「あいつ、誰だ？」

「知らんばってん。誰か聞いちゃり？」

「不動産屋らしいと」

そんな話が聞こえたりします。切ないけれど、ここはがまん。

ようわからん者には頼めない、というのが本音でしょう。しかしほかに名乗りをあげる人がいないかぎり、立候補を断ることはしません。どんな役でもいいから、会合という会合でチャンスがあれば引き受けていました。

役員を引き受けたからには精一杯務めます。集まりを休んだりしません。人がイヤがる面倒なことでも、夜遅い時間でも、日曜日や祝日でも、どんなことでも率先して役割をこなしました。

すると、「古川君は頑張っているね！」といち早く認めてもらいやすくなります。

どれだけ早く認めてもらえるか。一人でも多く認めてもらえるか。スピードを上げ、認めてくれる人の数を増やさないと会社がつぶれる。そんな切迫感にも似た気持ちで会合に参加し、役員仕事を果たしました。

35歳、新人です！

独立して2年。35歳の私は、よく人に怒られ、頭を叩かれ、顔を殴られ、蹴られ、怒鳴られていました。

ヤクザに、ではありません。地域の諸先輩たちにです。礼儀やしきたりから外れたことをすれば、教育的指導を受けるのは当たり前。すべて納得できることばかりです。

35歳から博多祇園山笠に参加した私は、年齢も会社の役職も関係なく、一人の新人でした。はっきり言えば、下っ端です。

山笠は完全な縦社会。参加年数で立場が決まります。35歳のおじさんが高校生から教えを受けるのは当然。十代の若者であろうと先輩は先輩。

20代の人であろうと、「グラスを持ってこい」、「ビールを持ってこい」と言われれば、走らなければなりません。

事務所がある旧博多部は祭りが多い地域です。博多祇園山笠をはじめ、博多どんたく、博多おくんち、夫婦恵比寿、中洲まつりなど、住民が運営し、参加している祭りが大切に受け継がれます。

地域の会合で認めてもらう他に、これらの祭りに参加することも仲間に入れてもらう重要な活動でした。

他のさまざまな会合より心が熱い分、いったん受け入れてもらうことさえできれば、その結びつきは深く、固いものになると感じました。

特に博多部では、博多祇園山笠に参加しているかどうかは、大きなウエイトを占めます。そこで、遅まきながら35歳で山笠デビューをすることにしたのですが、山笠は体育会系。なじむまでかなりの時間がかかりました。

妻は中洲まつりで地域に溶け込む

山笠が動き出すと体力勝負。地下足袋をはいてアスファルトの上を5キロにわたり走ります。地下足袋は裸足に近く、慣れない体力勝負に膝の痛みがひどく増します。「アイスノン」を脚に巻いて冷やす日々が続きます。

山笠のあとは「直会《なおらい》」。打ち上げです。祭りに参加した人たちの懇親会のようなものですが、これがまた一種の体力勝負。ビールの早飲み大会では、酒に弱い私のこと、毎回負けてばかり。

酒が弱いからといって見逃してもらえません。「古川、もういいぞ！」と上の人たちに言われるまで、何杯でもビールの一気飲みをさせられます。

多い時は、10杯ほどのビールを一気飲み。走って飲んでフラフラですが、参加することで強烈な効果が生じます。

スーツを着て飛び込み営業をするよりも、地域を歩き回ってあいさつを重ねるよりも、山笠の一員に加えてもらうほうが、地域に顔を売るという意味では、はるかにメリットが大きいことが実感できました。

妻は妻で、地域の祭りに参加しました。私が山笠に入るより先に、「中洲まつり」の「國廣《くにひろ》女《おんな》神輿《みこし》」へ参加していました。

女性の祭りだけあって、参加者が少ないことが悩みでした。集まりも悪く、運営もむずかしい。そんな中へ積極的に参加し、どんな役もイヤがらずに引き受けたので、妻は中洲の人たちに受け入れてもらえました。

福一不動産の一番の中心地域である中洲で仕事ができるのは、妻が中洲のみなさんに認められ、親しくさせていただいているからだと思います。

子どもが営業マン

伝統文化を守るのは大人の役目とはかぎりません。博多どんたくにおいては、子どもにも重要な使命があります。

5月の3、4日は、博多どんたく松囃子《まつばやし》。7月に行われるどんたくの本番前に、笛や太鼓、鼓などを奏でながら地域を回るものです。８００年以上もの歴史を持ち、国の無形民俗文化財にも指定されている行事です。

どんたくは私が所属する「西流れ」と、もう一つ「東流れ」の二つの〝流れ〟によって運営されますが、両者が2年置きに稚児を登場させています。

この博多どんたくをはじめ、いろいろな行事への参加によって私も受け入れられるようになったわけですが、創業当初はとにかくよそ者扱い。どこへ行っても、誰に会っても、「あんた誰、帰りやい」ばかりでした。

その壁を突破できた大きな要因は、私や妻のがんばりだけではありません。私の子どもたちががんばってくれました。

正しく申し上げると、子どもにも〝がんばらせてしまった〟わけです。親の都合で子どもに

郵 便 は が き

50円切手を
お貼りくだ
さい。後で
お返しいた
します。

810－0004

福岡市中央区渡辺通二丁目三－三

ランチェスター経営（株）

『崖っぷち社長の逆転戦略』係

行

■メッセージ

ランチェスター・サクセスプログラム
小企業の経営戦略

CDカタログの問い合わせ

古川隆氏が広域営業のムダに気づき，中洲を中心に営業地域を絞るきっかけとなった，ランチェスター・サクセスプログラム『小企業の経営戦略』（CD20巻）にご関心をお持ちの方は，下記にご記入の上，お問い合わせください。発売元からカタログをお送りします。

会社名	
ご住所	〒　　－
ご氏名	様
電話番号	

も大変な思いをさせてしまったようなものです。

上川端町で仕事を始めて間もなく、東流れの役員さんから「松囃子に稚児を出してもらえないか」という要請がありました。東流れの地区では子どもが少なく、条件に合った子どもも探しに必死でした。

「古川さんのところには、条件にぴったりの小学生の男の子がいるらしい……」。それを知って私に頼みにみえたのです。

うちの子どもは小学4年と5年。2年置きに出ますから、仮に2年前だと2年と3年。これでは小さすぎます。2年後だと6年と中学1年になってしまい、これまた小学生という条件に当てはまりません。その年が条件的にぴったりでした。

私は二つ返事で引き受けました。大変なのは子ども本人ですが、子どもに説明も確認もとらず、「おまかせください！」。

子どもには「出なさい」と指示。協力してもらうしかありません。女の子は舞姫を練習しますが、息子二人はお囃子の練習。2月ぐらいから5月の本番に向けて厳しい練習が始まります。

子どもたちにとってはいい迷惑ですが、私にとってはビッグ・チャンス。子どもが認められれば、自然と親の私の株も上がる。そう願って数カ月が過ぎました。

本番で無事、務めを果たしてからは空気がガラッと変わりました。顔を見れば「帰りやい」だったのが、「これからは売るでも買うでも借りるでも、何かあれば全部福一さんにお願いする」とみなさんが言ってくれるのです。

口もきいてくれなかった人が何人もいましたが、それ以降、私を地域の一員として扱ってくれるようになったのです。

5月の松囃子は港祭りと合併して「博多どんたく港祭り」と名称を変えましたが、正しくは「博多総鎮守　櫛田神社春期例大祭」。由緒ある祭りに貢献できたことで、福一不動産の株は予想どおり上がりました。

妻の力だけではありません。私の場合、子どもを含めた家族全員の〝営業努力〟で地域に認められるようになったのです。

今では、そういう私たちの姿を見て、社員からも自主的に地域活動の提案が上がるようになりました。社員だけで行う地域の掃除活動「クリーンゴジタ」は、毎月全員で行っています。

また、地域の方々が行っている運動会への参加、毎月開催の夜の中洲防犯パトロールなどにも、何も言わなくても全員が参加しています。

地域活動や社会貢献の大切さを、社員各自が理解して、自ら行動してくれるようになってきました。

ランチェスター戦略実践ポイント⑫

▽接近戦こそ弱者の戦略

大きな目標は、遠く離れていると打つ手がないように見える。しかし目標物に近づくと、実態がよくわかるようになる。

それと同じで、地域のお客を集団ととらえ、単なる市場としてながめると複雑に見えるが、一人ひとりに近づいてみるとわかる部分が多くなり、相互理解をしやすくなる。

弱者は、物事の要点に近づくことを心がければ、解決の糸口が見つかるのだ。

2 クレームがあっても自転車で5分以内

お客さまに会いに行くスピードが重要

お客さまに迷惑だけはかけられない

「弱者は接近戦と一騎打ち戦しかやってはいけない。間違っても、間隔戦や空中戦はしてはいけない。間隔戦や空中戦は強者のやることである」

ランチェスター経営の竹田陽一先生がカセットテープを通して何度も私に語りかけたことです。

テープの教えは体に染みついています。地域を限定してからは、上川端町を中心とする一帯と中洲に的を絞って〝接近戦〟と〝一騎打ち戦〟を繰り返しました。

接近戦とは文字どおり、遠いお客さまには目もくれず、近くのお客さまを対象として仕事をすることです。たとえ高額の仕事であったとしても、遠方のお客さまであれば見向きもしないことです。

お客さまが困っている時に対処できないのでは、お客さまに迷惑をかけるだけであり、自社の存在意義はありません。お客さまが遠くにいる場合、移動時間が長ければ不便をかけるだけなのです。

トラブルが起きた場合だけではありません。そこまでの移動時間が長いお客さまは、どうしても疎遠になりがちです。

下手をすれば〝売って終わり〟ということすら考えられます。売ったあとは知らんぷり。おつきあいがないのでは信用を失い、紹介もいただけません。

大切なのは、目の前の売上より、継続してお客さまとおつきあいをすることです。信用を得るには、売ってからのおつきあいを大事にしたい。お客さまのためにも遠方のケースは断ったほうがいい。

継続してお客さまと取引をしておつきあいをするには、その距離が近いことが何より。

当社では現在、お客さまから連絡があればいつでもすぐに駆けつけることができます。福一不動産は全社員に小廻りの効くクルマを支給しています。車検もガソリン代も、高い保険料も要らず乗り放題。その名は「自転車」です。

自転車を使えば、どのお客さまへも5分で到着できます。対応の内容より、まずお客さまに会いに行くというスピードが重要と考えています。

2輪ではなく4輪の、いわゆる車もありますが、月の燃料代は2、3万円。ビルのオーナーが離れた場所にお住まいの時、他の不動産会社から鍵を借りる時などに自動車を利用しますが、他の不動産屋のように車でお客さまを案内するということはありません。

会社から中洲までは、橋を渡ればもうすぐそこにある距離です。車を駐車場に入れたり出したりする時間があったら、歩いていったほうがはるかに便利で早いのです。

〝接近戦〟は周囲に知られる必要なし

不動産屋といえば、物件案内の看板を思い浮かべる、という方がいます。福一不動産でもチラシの他に、広告媒体として看板を利用しています。

狭い範囲で営業する以上、テレビやラジオ、雑誌や新聞などの空中戦は必要ありません。

広いエリアに流れるものは不特定多数を対象とした手段です。当社から半径500メートルだけに宣伝してくれるのであれば便利ですが、利用する以上は福岡県内や九州、場合によっては全国を対象とせざるを得ません。莫大な費用がかかるからという理由だけではなく、そもそも意味がないのです。

その点、看板やのぼり、チラシは一騎打ち戦のツール。チラシは、配布されたエリアの人しか見ることができません。それでよいのです。エリアの人だけが見ることができれば必要十分条件を備えています。

看板やのぼりは、設置されている場所に来た人にしかわかりません。それでかまいません。市内のほかの地区には、知られなくていいのです。

地域戦略を実行している福一不動産は、広範囲に宣伝する必要が全くありません。入居者を募集しているビルがあれば、そのビルの入口に「入居者募集」の看板を設置すれば事足ります。チラシを見て物件をチェックしたい人のために、看板やのぼりを目立つように配置すればいい。

チラシの折込みも看板ものぼりも、すべて接近戦と一騎打ち戦。雑誌広告や新聞広告、テレビやラジオにお金をかけなかったから、福一不動産は倒産せずに済んだのだと思います。

お金をかけないという話で言えば、チラシも自社で印刷をしています。すぐ印刷して配布できることを優先するからです。

物件は日々、動きます。空き店舗がめでたく埋まり、新たに入居者を募集する物件が登場します。掲載内容が刻々と変わるのですから、状況に応じて印刷内容を差し替える必要があります。

その都度印刷会社に頼んでいたのでは、相手に迷惑がかかる上、時間もかかる、お金もかかる。自社に印刷機さえあれば、原稿は自分たちで作り、印刷し、自分たちで配ることができます。

間取りなど文字と図で表現できれば十分なので、印刷会社にあるような高価な機械は必要ありません。

小さな会社は「軽装備」に徹する。自社を大きな会社に見せたくて、調子に乗ってはいけません。

不動産会社だけれども自社ビルは建てない。移動は自転車で十分。見栄や見映えにとらわれず、軽装備に徹する。おかげで利益性がよくなっています。

ランチェスター戦略実践ポイント⑬

▽組織と財務の戦略は「軽装備」

自社ビルを持たない福一不動産のように、固定資産を少なくして資金の固定化を防ぐことは「財務の軽装備」。

ほかに、間接部門の人員を少なくし、営業にはより多くの人員を配分したり、組織の階層を少なくして、仕事のスピードを早くすることは「組織の軽装備」。

3

「これだけは他社に負けません」という強みを持つ

重点目標を決めて「小規模1位主義」を貫く

看板は語る——中洲を「ゴジタ」で埋め尽くす

「中洲を歩くと、福一不動産の看板だらけですね！」

多くの方からそう言われます。そうなんです。中洲には至る所に当社の看板が目立ちます。カンパニー・カラーである赤い色が目につきやすいようで、あっちにもこっちにも、といった具合に福一だらけ。

でも、本当のことを申し上げると、福一不動産のテナント募集看板がついているビルは100棟中30棟、3分の1です。

❏中洲に設置している当社の看板とのぼり

中洲の至る所にあり目立つ当社の看板。しかし実際のビルへの設置は全体の３分の１。市場占有率は看板にもいえる。

中洲内にはテナント・ビルが約１００棟あり、当社の看板は3分の1のビルにしか設置していないにもかかわらず、「中洲と言えば福一」という印象を抱いていただけるようになりました。市場占有率と同じことなんですね。３割のシェアを占めれば、実質1位ということが看板にも言えるようです。

看板をつけるには、空室を抱える物件のオーナーへ相談し、当社で募集させていただけるかどうかの交渉をします。

当社で仲介をさせてくれるとなれば、次は、ビルの壁面に看板を取り付けていいかどうかの相談です。

了承をもらうことができれば、ビルの入口あたりのわかりやすいところに貼ります。狭い面積に集中して設置すれば、〝福一不動産の看板だらけ〟状態に見えるのです。

中洲へ出勤する人にも、中洲へ飲みに来る人にも、当社の看板が目に入ります。中洲でお店を出したいと探しに来る人の目にも映ります。

逆に言えば、中洲に来ない人には知られていないことになりますが、それでいいのだと考えています。

福岡全域に知られるようになったら、ある意味、ルールを逸脱した経営を行っている可能性があるということです。

「地域限定」を貫く覚悟

「御社の得意分野は?」と聞かれて、「何でもやります!」と答える会社が多くあります。何でもやることがいいと考え、総合的な品揃えがベストだと考えている会社です。

しかし、それは戦略が決まっていないことを白状しているようなもの。

お客さまに支持され、いつも、いつまでも利用してもらうことを経営の一番の目的に考えるのであれば、「何でもやります」では通用しません。自社の「これだけは他社に負けません」というものを持つべきです。

同じことは営業地域にも言えます。

「御社の営業地域は?」と聞かれて、「全国どこでもフォローします」と答えるのがカッコいいと考える経営者は多くいます。

しかし、お客さまに喜んでもらい、お客さまのフォローを万全に整え、お客さまにいつまでもリピート利用してもらうことを考えるのであれば、地域を決めて接近戦をやるに限ります。

「この範囲のお客さまに限定して、業務しています」と答えるほうが、よほど信頼されると私は考えます。

迷惑をかけないためにも断る

ありがたいことに、いろいろな地域のいろいろな方々から所有物件のことで依頼があります。私はもとより、社員にもさまざまな相談や依頼が寄せられます。

本当にありがたいことですが、当社のエリア外での依頼にはお断りさせていただいています。社員にはいつもこのように話しています。

「中洲または中洲周辺を自社の営業地域としていることをお客さまに説明しよう。エリアを決めるのは、お客さまに迷惑をかけないためであることを理解してもらおう」

実際は、私より社員のほうがテリトリー意識が強く、お客さまへ迷惑をかけそうな話であればお断りしているケースがよくあります。

広域になると、接近戦、一騎打ち戦ができません。大きな会社ならともかく、当社のように従業員15人の会社では、広域戦はお客さまにご迷惑をかけるだけになってしまいます。

そんな考えが少しは浸透してきたのでしょうか、「ここは福一さんのテリトリーではないよね」などと質問をされたり、確認をされる場合があります。お客さまが福一不動産の地域戦略について認識し、理解し、浸透してきている証拠だと思います。

ランチェスター戦略実践ポイント⑭

▽「細分化」で1位を狙う

経営力が弱い会社は強い競争相手がいる業界を避け、強い相手が存在しない市場に参入すればよい。

強い競争相手がいない商品、強い競争相手がいない営業地域や客層を見つけるためには、小さな部分に分けて一つひとつ検討していく「細分化法」を用いること。

細分化された商品や地域で1位を獲る「小規模1位主義」、「部分1位主義」により1位を獲ったあとは、ほかの商品や地域で1位の範囲を広げていけばよい。

中洲コラム

❖中洲だから１５０万円でオーナーになれる

「スナックやクラブをオープンさせるには１０００万円、いや、２０００万円ぐらい必要ですか？」などと聞かれることがある。

「ご安心ください。中洲なら１５０万円でスナックのオーナーになれますよ」と言うと、驚きの声が返ってくる。

中洲という特性を今一度、思い出していただきたい。スナックが閉店した後、新しく入居する人はやはりスナックを開く。

中洲では70％がスナックであり、10坪程度の店がほとんどである。店舗賃貸の平均坪単価は１・８万円。10坪だと月額18万円のリース料となる。

レイアウトを変更する必要はない。テーブルや照明など室内の備品もほとんど揃っている。

開店に際して必要な保証料は賃料の６カ月分だから１０８万円。前賃料18万円と仲介手数料18万円、グラスやボトルなどの備品を加えても１４４万円でお店を持つことができる。

スナック・オーナーも経営者。経営は軽装備に限る。

第5章

「お客さまのお役に立つ」本当の意味

▽▽中洲が繁盛してこそ、福一不動産のお客さまも増える。お店がオープンしてからのお手伝いが大事。ママさんたちとの勉強会こそ、お客を呼び込む重要な方法である。

1 お店が繁盛してこそみんなが幸せになる

水商売という経営を成功させるには、勉強あるのみ

お店はオープンしてからが正念場

お客さまのお店がオープンまでこぎつけると、ほっとひと安心。不動産会社としての仕事は一旦、ここで終わりを迎えます。

無事にオープンしたことに安心し、次のお客さまを見つけ、契約を繰り返していく。それだけで満足し、喜んでいられるなら幸せかもしれません。

しかし私自身、それだけではなんだか楽しくないような気がします。

仕事のやりがいはほかにあり、福一不動産の存在価値や使命はほかにある――私はそう考え

ています。

起業して2年目から、中洲のスナック、クラブの賃貸物件紹介に特化した不動産業を営んできました。

多くの場合、お客さまが来店してくださり、ご希望に応じて物件を紹介します。営業社員がいくつかの物件を案内し、その中からお客さまのお気に入りがあれば契約。契約後は改装したり、準備をしてオープン。

それまでには、行政への営業許可申請もあります。その手続きは当社担当営業社員が一緒に行います。開店までの業務は思ったより大変です。

だからオープンまでこぎつけると、お客さまも営業マンもほっと安心。

「いよいよ、オープンですね」

「これまでありがとうございます」

と、ここまでが私たちの仕事です。

その後は、営業社員が時々客として、そのお店にうかがいます。といっても、ちゃんと客としてお店に行くのですから、けっこうな金額を払わなければなりません。客としてたびたび利用するのは、正直むずかしい面があります。

中洲の町で出会えばもちろんあいさつはしますが、業務として接点を持つ機会が激減するのはやむを得ないことです。

店舗賃貸の契約が済み、オープンしたのですから、お客さまの要望にはしっかり応えています。

しかし、それだけで中洲の発展に貢献していると言えるだろうか？　これでいいのだろうか？　常々そう思っていました。

私たちの仕事は終わっても、お店の仕事はこれからです。私たちにも、オープンした後にできるお手伝いは何かないだろうか？

そう考え続けると、知恵は生まれるものです。

お客はお店を忘れるもの

「お客さまが毎日来てくれるだろうか……」

経営者が考えることはお客のことです。ママが心配なのは、お客さまが来てくれるかどうかです。

当然ながら、お店側の正念場はオープンしてから。お客さまが定期的に来店してくれないと、すぐ閉店に追い込まれてしまいます。

そこで思いついたのが、お店の特性やセールスポイントをみなさんに知っていただくお手伝い。『e中洲ドットコム』(http://www.enakasu.com/)というインターネット・サイトで、お客さまへの情報提供を始めることにしたのです。

携帯用とパソコン用のサイトがあり、掲載内容は次の八つです。

①セット料金
②席数
③店休日
④ボトルの値段
⑤店内写真
⑥女の子の写真
⑦お店の地図
⑧お店紹介の動画

ホームページで歓楽街の店舗を紹介する例は、全国的に見ても珍しいほうだと言えます。各地の歓楽街には、お店を紹介する紹介所があるからです。

現地に行き、紹介所でお店を紹介してもらう人が大勢います。家賃の高いところにわざわざ店舗を借りて紹介所を設けているのは、それなりの紹介手数料がとれるからです。

その代わり、東京の新宿歌舞伎町でも札幌のススキノでも大阪の北新地でも、スナックやクラブを紹介する総合ホームページは見当たりません。

お客さまの立場に立って考えると、紹介所だけでは物足りないのではないか、不親切ではないかと考えました。

特に考えられるケースが、一度行ったお店に行こうとしても、その場所を忘れてしまった、というものです。

食事をして、お酒を飲み、いい気分になったところで「あのスナックへ行こう」と思うまではいいのですが、「あのスナック」の名前が思い出せない。名前を思い出しても場所を思い出せない。そんなことが実に多くあるのです。

前回、行った時はお店の名刺をもらっているはず。しかし、スナックやクラブの名刺をいつも持ち歩いている人は、まずいないと考えていいでしょう。

「この間の、あの店は何て名前だったたっけ……」

「あの店はどこだったたっけ……」

当然、初めて行く店をどこにしようかと考えるお客さまもいます。そんな時、くわしいお店の案内があれば助かるはず。安心してお店を探し、行くことができます。

お客さまに来店してもらえるのは、お店にとって一番うれしいことです。だからこそ『e中洲ドットコム』がお店の味方になると確信を持ったのです。

『e中洲ドットコム』で三方良し

『e中洲ドットコム』を運営して以来、事実、お店のお客さまから高い支持をいただくことができました。

中洲に飲みに行くお客さまにとって、店の下調べをすることができるからです。正規金額など予備情報が入手できますから、『ぐるなび』などと同じように安心してお店に行くことができるのです。

店側としても、店本来の金額を提示することができます。当たり前のことを申し上げますが、お客さまにとって、「その店で飲むといくらかかるのか」といった正しい価格、本来の価格を知りたいものです。

しかし、歓楽街の紹介所にお客さまを紹介してもらう場合、紹介所へ支払う手数料を上乗せしなければなりません。紹介所も商売。手数料が必要です。

ところが、『e中洲ドットコム』には手数料を上乗せした料金を提示する必要はありません。誰にとっても安心できるシステムなのです。

また、『e中洲ドットコム』は福岡市内にあるホテルのコンシェルジュとも提携をしています。宿泊客から相談があった場合、『e中洲ドットコム』の掲載店をご紹介いただいています。

店舗を掲載したパンフレットを作成し、ホテルに置いてもらうことで、「福岡に来たら、どうぞ中洲へ」と案内してもらうわけです。

特に「安心できる!」とお客さまに喜ばれているのが「中洲よかばいパック」。ホテルに宿泊されている方が低料金で中洲の夜を楽しめるように、「同伴+高級クラブ」をパッケージ商品としたものです。

90分から110分の食事、しかも同伴ホステスさんの食事代を含み、なおかつ90分の高級クラブのセット料金が含まれて、一人2万円で提供しています。

全国には各地に歓楽街がありますが、「中洲は安心して飲みに行ける街」と思っていただきたい。親しみやすい街、リピートしたくなるお店にあふれている街。そう思っていただきたい。

それこそが、お店にとっても、お客さまにとっても、私たちにとっても良し。「三方良し」が成立する姿だと思います。

❑『e中洲ドットコム』をパンフレットにして無料配布

お店の情報のほか中洲お役立ちマップや，巻末には「中洲よかばいパック」の案内，私鉄・地下鉄の時刻表も掲載。お店によっては本誌を持参すると特典もついてくる。（福一不動産・福岡中洲活性化協議会発行）

『e中洲ドットコム』を利用していただくことで繁盛店が増え、２店舗目、３店舗目と店の数を増やしていただければ、空き店舗の入居率も上がっていくことは明らか。そうあってほしいと心から願っているのです。

ママさんたちも一緒に勉強

中洲のお店が繁盛するためのお手伝いはまだ続きます。最も古くから取り組んでいるのは、ママさんたちにも勉強をしてもらおうと開いている講演会があります。

始めたのは平成12年。私自身、いろいろな勉強会に出席したり講演会に参加したりして得られる収穫の多さに驚いていました。

勉強をすれば、社長のやることがわかる。勉強を続けると、経営が変わる。勉強を重ねると、ちゃんとお客さまが増えてくる。それはスナックやクラブでも同じ。ママさんたちも経営者です。お客さままでにぎやかな店にしたい、繁盛させたいと願う気持ちは私と同じ。

そこで、中洲で働く人たちを対象とした講演会を開催しようと考えて、毎年２回、地域の著名人や本の著者など、「この人の話を聞いてみたい！」と思う人を招いています。

なんて申し上げるとカッコいいのですが、一番最初は苦労しました。実績がないのはもちろんですが、福一不動産の知名度がありません。有名な人に講師をお願いしようとしても、なかなかうまくいきません。

中洲のママさんたちを集めての講演会を、誰も知らない小さな不動産会社が主催。たしかに怪しい催しです。

それならと、第1回目は私が尊敬する竹田陽一先生にお話しいただけないかと相談。竹田先生も、こうおっしゃってくれました。

「古川さん、誰も集まらんかもしれんが、あんたんとこのヨメさんと、うちのヨメさんだけでもいいからやりましょう」

そうかもしれない。福一不動産がいきなり講演会を開くといったって、誰も集まらないかもしれない。本気で心配しました。竹田先生の奥さまと妻と、二人は聞いてくれる。思い切って開催したところ、50人近くが参加してくれました。


今では春と秋の講演会に毎回１００人近くは集まりますが、年2回の講演会でいちばん勉強になるのは、私かもしれません。

繁盛している高級クラブのママを講師に招きますが、勉強になるというレベルではありません。大きな声では言えませんが、一般的なコンサルタントよりはるかに勉強になるのです。

どうやって新規のお客さまに来店してもらい、来てくださった方をどのように固定客化し、そのためにスタッフにどんな教育をするのか。

その話はクラブにだけ通用するわけではありません。どんな会社にも、つまり不動産会社にだって必要不可欠な経営のやり方なのです。

不動産の仲介をするのが、不動産屋の仕事です。しかし、エリアを中洲に絞ったからには、中洲が繁盛するお手伝いをする。それこそが中洲で仕事をさせてもらう当社のやるべきことです。

地域に密着、地域一番店という言い方は多く目にしますが、本当の意味はどれだけ地域の繁盛を願って行動しているか、そこにあるのではないでしょうか。

中洲に特化したから還元できる「ユアーズ」

久しぶりに行ったお店で、すぐにボトルが出てきたらうれしいですよね。逆に、自分のボトルがなかなか出てこない。もしかして名前を忘れられたのか……と気になることも。

そんな経験はありませんか。お客さまはわがままです。気に入る店と気に入らない店は、ほんのちょっとしたことで明暗が分かれます。

お客さまが何度も行きたくなるお店、スタッフがやる気を出して働いてくれるためのマニュアルづくりは、ママさんたちが知りたいこと。顧客管理の指導やイベントの企画なども学びたいはずだし、経理面の指導だって得られるものなら得たいのが本音。

ところが、売上を伸ばすための悩みを解決するのにお金がかかることは、みなさんもご存じのとおり。

顧問労務士……3万円／月
経営コンサルタント……3万円／月
顧問税理士……4万円／月
顧問弁護士……5万円／月

これだけで月15万円になります。はっきり言って大変です。私自身、お金がない時代のことを思い出すと、やりたいことが満足にできないつらさがわかります。

そこで福一不動産が始めたのが、「ユアーズ」という繁盛店にするための支援サービス。講演会だけではなく、個々のお店に経営のサポートをしています。

お客さまの来店頻度を高めるにはどうすればよいか、ママさんはわかっていても、スタッフ全員がその能力を身につけているわけではありません。ホステスの個人能力に左右されない接点づくりと接客対応へのアドバイスが必要です。

次のような具体的なアドバイスをしています。

①お客さまの情報をどうやって入手するか。
②得た情報をどのように記録、保管するか。
③特に枝客《えだきゃく》（お客さまがお連れのお客さま）にリピートしていただくためのフォローのしかた。
④ハガキやＥメールによるフォローのしかた。
⑤再度来店したくなる会話法。
⑥スタッフのやる気を給与に反映させたり、算定する方法。
⑦帳簿付けから未回収売掛金の回収率をアップするやり方。
⑧経費勘定項目の分類方法。
⑨お客さまとのトラブル発生時における、原因の究明、交渉、弁護士との相談、和解や示談についての説明など対処策の指導。

講演会やアドバイスに加え、金曜日の朝７時から勉強会も開いています。勉強会に出席する人は、地道に力をつけ、お客さまを増やしています。

勉強会に参加し、学んだことを実行に移している経営者は、一度来店したお客さまを失わずにがんばっています。

そんなママさんたちと勉強できることがうれしくてしかたありません。

私は、社会保険労務士でもなければ、税理士でもありません。もちろん、弁護士でもありません。しかし、中洲でのビジネスに特化しているので、商品も地域も客層も営業のやり方も、中洲にかかわることには、お陰様でとても詳しくなりました。

戦略を勉強し、商品や地域、客層を絞ったことで、特定の分野については専門家と呼ばれることが多くなりました。

それを自分のお客さまに還元する。この好循環が生まれていることに喜びと幸せを感じています。

ランチェスター戦略実践ポイント⑮

▽お客が思っている以上の親切心で

お客から忘れられないようにするには、「お客が思っている以上の親切」を実行することである。

お客が思っている以上の親切を続けると、心理学でいうところの「お返しの作用」が働き、ほかのお客を紹介してくれたりするようになる。

2 小さな会社でもお役に立てる

自分たちに必要な場は自分たちでつくる

福岡を元気にしたい——経営者の会を運営

博多の経営者が共に成長していくこと。

博多の経営者が元気になり、皆が友達になり、成長したい。

そんな想いから「博多経友会」という会を運営しています。平成14年に発足した異業種交流会です。

経営者が集まる会を運営するのは、一般的にみればとても手間のかかることです。自分たちで催すのではなく、すでに存在している会に参加したほうがはるかに楽。そんなことは私もわかっています。

半径500メートルの地域にはいろいろな会が開かれ、得るものの大きさや、また運営されている方々のご苦労が手に取るようにわかります。

ところが、一歩外に出てみると、本当に自分の助けになる経営者向けの勉強会が意外なほど存在していないことに気がつきました。

志が高ければ、誰もが互いに馴染める。そんな会があればいいな。

志の高い人たちが集まって勉強し、互いに成長し合える。そんな会があればいいな。

そう熱望するものの、そうそう見つかるものではありません。それならつくろう！　というわけで独自につくった交流会が「博多経友会」です。

最初は、有志が集まり、お酒を飲みながら語る会としてスタート。２回目からは、参加者が30分ほどの講演をして、皆で語り合うというスタイルに変えました。

始めた頃の参加者は10人程度。少ない人数ですからホテルのバーに集まっていました。毎月第一火曜日を開催日と決め、気の合った仲間が集合。語り合う楽しい会です。

「博多を元気にしよう!」という想いを共有していたものの、初年度はなかなかメンバーが増えません。それまでの、なんとなく仲良しクラブ的な雰囲気をあらため、ビジネスについて真剣に語り合うように変えていきました。

やはりここでも「石の上にも3年」があてはまるようです。3年過ぎると少しずつ参加者が増え、4年目で30人近くの会員組織になりました。

人数が増えると、互いに求めるレベルが向上します。常時50名以上が集まるほどの会となった現在、福岡で成功した社長さんを招いての講演会を開催しています。

現在、掲げる目的は三つ。

参加者の「人間力向上」

「パーソナル(自己ブランディング)の構築」

「アイデアと情報の提供」

毎回、新しい参加者に出会い、いろいろなお話を聴くことでたくさんのヒントをいただいています。

20代の方には元気をいただき、30代、40代の方からはヒントをいただき、先輩方からはお叱りをいただく。その刺激がたまらないのです。

福一不動産は小さな不動産屋ですが、みなさんに協力をいただき、みんなの力を合わせれば、福岡を元気にできると確信しています。

福岡が元気に、すなわちビジネスも人生もうまくいけば、楽しく中洲で飲むことも増えるでしょう。中洲が日本で一番の歓楽街になるには、福岡が元気になることも大切と考えています。

ランチェスター戦略実践ポイント⑯

▽社長の第一の仕事は、実力を高めること

従業員100人以下の会社では、業績の98％が社長一人の戦略実力で決まってしまう。

まずは学習の公式をはっきりさせておく必要がある。

学習効果＝素質×教材の質×学習回数

重要なことは、どんな教材を準備するかということ。経営規模に合っていること、業種に合っていること、弱者の戦略ルールでまとめられていること、何回聞いても、新たに発見するものや心を打つものがある教材を選ぶ。

これらの教材を30～50回は繰り返し学習することが大切である。

3 「経営計画」は書けば実現！

書いた目標どおりに売上が上がる不思議

目標を立てる時は、とにかく書くこと！

平成10年の11月、香醋の「やずや」さんで「21世紀生き残りセミナー」に参加しました。経営者のための勉強会です。

その時、矢頭宣男社長に教えていただいたことが、「とにかく書く」ということの大切さです。

経営計画書を書くように指導を受けたのですが、その時はワンシート、たった一枚の紙を埋めることができませんでした。

翌年の売上予想も書くように言われたのですが、果たしてどれくらいの売上が上がるか考えたことがありません。その日暮らしの経営でしたから、売上を上げる根拠が見つからないのです。

当時の私は、毎日毎日、歯を食いしばって、潰れないようにと願っていただけ。生きることだけを考えていました。経営の計画が後回しになっていたのではなく、経営に計画というものが必要なことさえ知らない状態でした。

矢頭社長は言いました。

「目標というものは頭で考えるだけではダメ。思うだけではダメ。口で言うだけでもダメ。思ったことは書かないと」

何でもいいと言う。思ったことを書けばいいと言う。それなら、と書いてみるのですが、読み返すと、自分でも何を言っているのかわからない内容。

それなら、「もう一度書けばいい」と言う。「何回も読み直して何度でも書き直していい」と言うので、ほかの参加者と比べてずいぶん時間がかかりましたが、初めて書いてみたものです。

書いたものは、いつでも見られるようにしておくことが大事です。書いたものを見るたびに、売上や目標、目的に対する思いがよみがえってきます。

書いたものを絵にしておくと、もっと具体的になります。絵にできない場合は、以前に撮った写真でもいい、インターネットで探した写真でもかまわない、ビジュアル化したものをいつでも見られるようにしておくことで夢がわき、モチベーションが持続します。

「実現」を常に念じる

B4サイズの紙1枚の経営計画書を書き上げるのに、3週間かかりました。

今思えば、なぜそんなに時間がかかったのかと言いたいのですが、とにかく書けない。少しでも書きやすくするため、考え、書き出す項目は四つに絞りました。

「経営理念」

「基本方針」

「目指すもの」

「売上金額」

B4の紙を4分割し、書いては消し、書いては消しを繰り返しての3週間でした。

書いたからには何度も読み返し、ここに書いたことは必ず実現できると念じます。必ず実現させるんだと思い、読み返します。

❑勉強会で作成した最初の経営計画書

我社の21世紀生き残り戦略

衛 一不動産

<我社の商品・営業方法・サービスの得意分野は次のとおりです。>

○中洲(2丁目～5丁目)および近隣4町(祇園町、冷泉町、恋屋町、上川端町)で不動産取引No.1企業をめざします。
○地域密着に努め、地域の方によろこんで頂ける企業をめざします。
○他社にない、サービス提供を常に考え実践します。
○全ての業務に対し即対応致します。
○タイムリーに情報提供致します。

<我社を発展させてくれるお客様は次の方々に限定します。営業の方向性。>

○相互繁栄を念頭に、利用価値の高い情報を提供し良きパートナー、良きアシスタントとして、真心をもって接します。
○どんなことでも報告、連絡、確認、相談を行います。
○取引完了が終りではなく、それをスタートとし、永遠にお付き合い頂ける企業を目指します。
○人とのつながりを大切にし、ご紹介をより多く頂ける企業を目指します。
○顧客に対しては、必ず月に一回連絡を行う。訪問できる方には会いに行く
○月1回の地域新聞を出す

<私は21世紀に生き残る会社の社長として次のことを決意し自ら実行します。>

1. 朝6:00起床、6:30より事務所のまわりをそうじします。
2. 健康に心がけます、
3. 健全な企業成長を実現します。
4. できるだけ多くの方と接する様に努めます。
5. 毎日、まごころの手紙を出します。
6.
7.
8.
9. 社員の生活の安定と向上をはかります。
10. 会社の利益責任は社長ただ一人とします。

<我社は毎年着実に売上を伸ばし、社員を物心面で幸せにします。>

期	西暦	平成	社長年令	年間売上目標	1カ月の売上目標	1日の売上目標
8期	1999	11年	37才	75	6.25	0.26
9期	2000	12年	38才	100	8.3	0.345
10期	2001	13年	39才	120	10	0.41
11期	2002	14年	40才	150	12.5	0.52
12期	2003	15年	41才	180	15	0.625

(月を24日として)

たった1枚の紙に書くのに苦労したが，
現在では60ページの経営計画書になった。

この勉強会の参加者の中では、私の会社の売上が一番低いことははっきりしていました。ほかの会社は年商５０００万円とか１億円。私は７５０万円。

年商のケタが二つ違うのです。それだけでも恥ずかしいのに、参加者の前で発表することは、裸で街の中を歩くことぐらい恥ずかしかったものです。

「おいおい、年商がたった７５０万円で参加している奴がいるよ」

そんなふうに陰でクスクス笑われると思っていました。

そんな時、矢頭社長は私の肩を叩いてくれました。

書いたことを実現させればいい。今は年商７５０万円だけど、今に月１００万、月に２００万、月に３００万と売上を上げてみせる。

その思いを秘めてみんなの前で発表しました。

発表したことで、カラ元気にすぎませんが、「絶対に実現してやる！」、「参加者の中でも一番の会社になる！」という気持ちでいっぱいになったことを覚えています。

月70万円から月３００万円へ

勉強会は12月に終わり、年が明けてからは何回も何回も経営計画書を見てイメージを高めました。

当時は月70万円の売上でしたが、「月300万円を達成する！」と計画書に書いたことを反復するのです。

すると不思議なことが起きました。4月には300万円の売上が上がったのです。今までの4・5倍です。

「矢頭社長の言うとおりだ……」

一枚の紙に書いたまでのことですが、本当に書いたとおりになりました。同時に、書かなければすべては始まらないということを学びました。

それ以降、書くことで実現できると信じ、書き続けていますが、そのおかげで経営計画書に書いた目標金額どおりに売上が上がるようになりました。

こうなると、「書くことって楽しい！」という以外に言葉は見つかりません。書くことで目標が達成できるなら、と目標をより具体的に書き続けていると、その後の計画書は60ページ以上にもなりました。

書いておくと、社員とも確認し合うことができます。これほど便利でわかりやすい会社の指針書はありません。

文字や数字だけではなく、図に描くとイメージしやすいことを思い出し、表紙には絵を載せています。

「中洲を日本一の歓楽街にする」

それをイメージした絵です。中洲を描き、社員全員の似顔絵が入っています。この絵を見て、目標を確認しているのです。

一つだけ、実際の中洲と計画書の表紙絵とに違いがあります。計画書の表紙に描かれた絵には、中心に当社の看板があります。しかし実際には、中洲のビルに当社の大きな看板はありません。

これは、「中洲のネオンの中心に、福一の看板を掲げたい」という社員全員の思いを表現したものであり、「中洲のビルの間に、看板を置けるぐらいの会社になりたい」という夢を描いたことによるものです。

書いたものは実現する――そう信じている私たちの夢が実現する日は、そんなに遠くないと楽しみにしています。

❏絵を載せた経営計画書の表紙

社外秘

平成２３年度（第２０期）

経営計画書

平成 23 年 1 月 1 日～23 年 12 月 31 日

（下記は、社員の似顔絵がそろい次第変更する）

本計画書は大切なものである。
厳重に保管し社外への持ち出し禁止。
何度も何度も覚えるぐらい繰り返し読むこと。
朝礼及びミーティングには持参し、朗読唱和すること。
コピーをとるときは、社長の許可をとること。
年初、退職時は返納すること。

株式会社　福一不動産

絵を描くとイメージしやすい。中洲を
バックに社員全員の似顔絵を入れている。

書いたとおりに実現する

福一不動産には、社員が15人、パート社員が5人います。20人全員が目標を書いています。もちろん、パート社員にもしっかり目標を書いてもらっているのです。

「自分の目標を、1ページ書きなさい。どんなことでもいいよ、目標を書くことが大事なんだよ」

そう言って書いてもらったあとは、全員が持つ経営計画書の中に、その目標をしっかり入れさせています。

それらの目標を達成するためには、週単位の自己管理が欠かせません。金曜日か土曜日に翌週の予定を決めますが、ギッシリと埋めないことが大切。予定をこなせない自分と付き合うより、目標を達成し成長を感じられる自分と付き合うほうがいいですからね。

経営計画書の内容は、随時差し替えています。3カ月に一回、新しい経営計画書を社員全員に渡します。

渡すだけでは意味がありません。社員が掲げた目標についての話を聞きます。

❏週間行動計画表で自己管理を行う

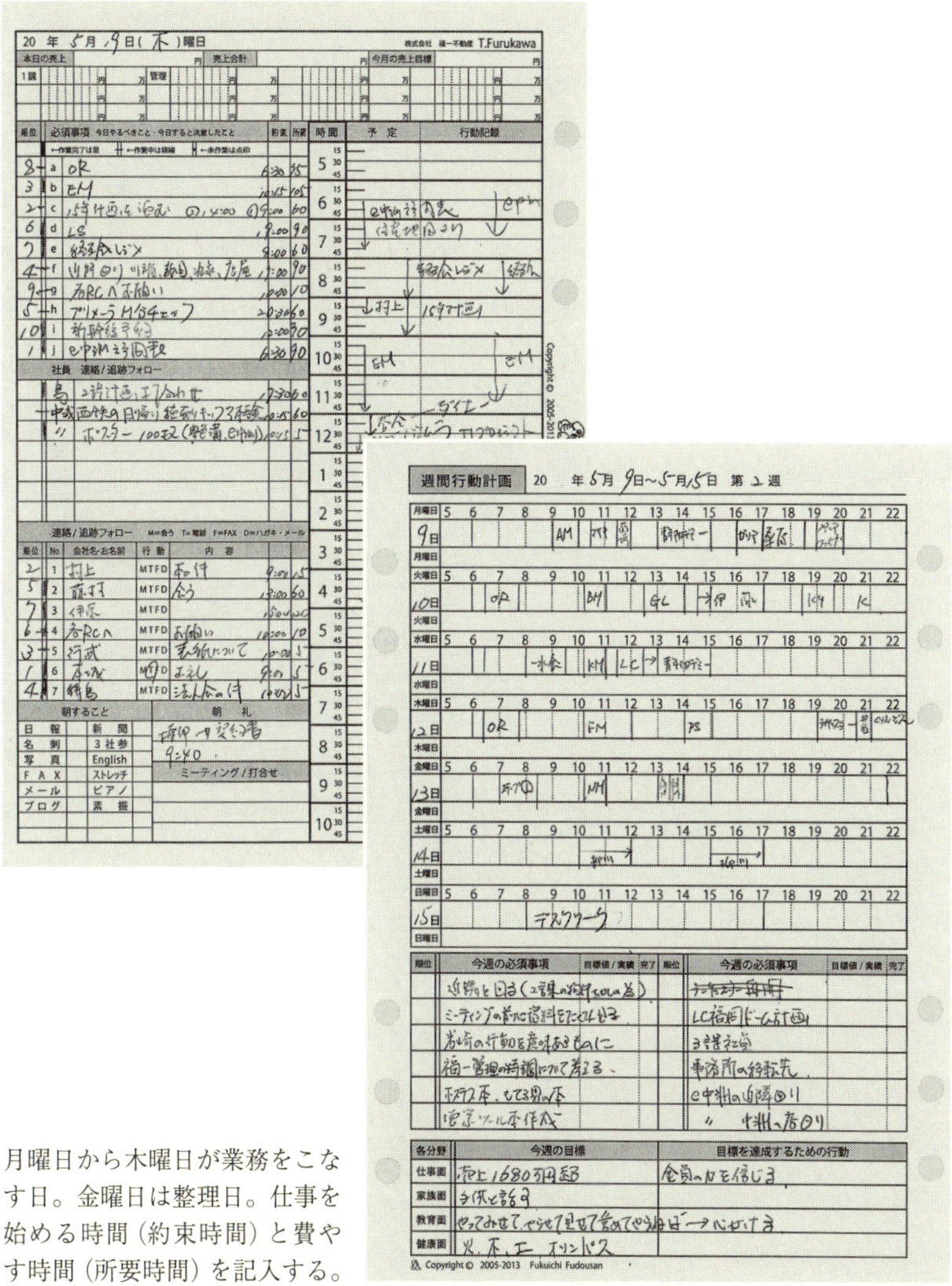

月曜日から木曜日が業務をこなす日。金曜日は整理日。仕事を始める時間（約束時間）と費やす時間（所要時間）を記入する。

「今年中に宅地建物取引主任者の資格を取ります」、「売上目標をクリアして上の役職に上がりたい」など各自が描くことは自由。好きなように考え、書いてもらうことを重視しています。

書いてもらって終わり、ではありません。毎日、朝礼で経営計画書を読んでいます。「お客さまへの方針」や「経営理念」などを大きな声で全員が唱和します。

すべての社員の目標も読んでいます。全員の前で読むと、その目標を再確認できることがメリットです。

目標を文章にして残すと実現する、ということは私だけに与えられた特権ではありません。社員に書いてもらったことも、やはり書いたとおりになるものです。

ならなかった時はしかたありません。「くやしかったね。どうすればいいだろうか」と社員と話し合います。

目標は書いていなければ何も見えません。口で言っただけでは、発したとたんに消えてなくなります。

書いたものだけが残ります。みんなが書き、残し、みんなで見ることで、ごまかすことができなくなります。みんなが見ているから、やらざるを得ないのです。

経営計画書に書き、前向きにがんばっている社員のみさなん。いつまでも、いつまでも大事にしていきたいと思っています。

矢頭社長に「1000万円取れ！」、「目標は書け！」と言われました。

矢頭社長の言うとおりに、目標を設定し、書いたことで成果が表れはじめると、本来あるべき経営と反することをやっていたことが明白になりました。自分がやっていたことが正反対であることを、イヤでも実感しました。

清水の舞台から飛び降りたつもりで商品・地域・客層を絞ったことが、地域で一番の不動産会社になれた最大の理由だと思っています。

ランチェスター戦略実践ポイント⑰

▽戦略実力が高まれば経営計画書は書ける

経営計画書の作成に取りかかっても、4、5回まではまともなものは作れない人がほとんどである。その原因として次の五つがあげられる。

①戦略と戦術の区別がつかない。
②強者の戦略と弱者の戦略を正しく理解していない。
③商品戦略、営業地域戦略など8大要因をしっかり理解していない。
④8大要因のウエイト付けをしっかり理解していない。
⑤社長の役目は会社の規模によって変わることをしっかり理解していない。

経営計画書は社長の戦略実力に比例して書けるようになる。まず、社長自身の学習計画を立てて、社長自身の戦略実力を高めることが必要である。

エピローグ　中洲を日本一の歓楽街へ

繁盛店に見習う

日本一お客さまでにぎわう飲食街。

日本一楽しく働ける夜の街。

日本一商売がうまくいく歓楽街。


中洲を日本一の歓楽街にしたい。それが福一不動産の夢であり、私の夢です。

平成9年の創業以来、中洲に地域を絞って経営をしてきました。

当時2700軒もの店舗がありながら、1400軒しか稼働していなかった中洲。その後10年で2000軒にまで増えましたが、リーマン・ショックなどの影響で平成21年には1800軒にまで減ってしまいました。

しかしその後、わずかずつですが開業するお店は増えてきています。10年で600軒ものお店を増やすことができたのです。あと10年かかろうと、2700軒すべての店舗が埋まり、にぎやかに営業するお店でいっぱいになることを私は夢見ています。

秘策はあるのか?

秘策などありません。不動産業という経営がうまくいくのも、スナックやクラブがお客さまで繁盛するのも、すべて基本に忠実であるかどうかが問われると思います。

景気が低迷し、経営環境が悪化すると、ほかの業界と同様、冷え込んでしまう中洲ですが、繁盛しているお店はたくさんあります。

繁盛している店は、経営のルールどおりに店を運営しています。接客業の基本を守っています。

一方、「不景気だ」、「お客が来ない」と嘆いているお店は、経営の原理・原則のどこかがずれているのです。接客業の基本を何かしらおろそかにしています。

ですから、どのお店も繁盛店のやり方をマネして、顧客満足を追求すればいいのです。

お客さまが来店してくれる目的を十分に理解し応対すれば、閉店に追い込まれる店はなくなります。

繁盛店になるには、顧客満足を追求するのみ。いつもお客さまを分析し、再度来店したくなるようにすることが一番の近道であり、最善の策なのです。

行きたいけど知らない

あなたが住んでいる町では、飲食店が閉まるのは何時頃ですか?

福岡のどの町に行っても、夜10時頃になると飲食店の多くは閉店します。

あなたは、お腹がすいていても食べる店が見つからず、さて困ったという思いをしたことはありませんか。

中洲は深夜1時ぐらいであれば、何でも食べることができます。中華、焼肉、和食に寿司。フレンチにイタリアンにエスニック。

その徒歩圏に住んでいる私にとって、中洲は町全体がコンビニエンス・ストアのようなものです。

ところが、多くの人がその利便性に気づいていません。実際には、夜遅くまで仕事をしている人がたくさんいます。そうした時間から食事に行きたい、という需要はあるはず。そう思って、50人ぐらいにアンケートをとったことがあります。

「夜の10時、11時を過ぎて、フレンチやイタリアン、中華など『こんな料理を食べたい』と思ったことがありませんか？」

そう尋ねて回ったところ、ほとんどの人がこんな答えを寄せてくれました。

「そんな思いをしたことがあるけれど、肝心の店がない。行きたいけれど、どこにあるかわからない。だからファミレスやコンビニで買って済ませる」

そしてもう一つ、中洲には夜遅くまで開いている店があるとしても、「中洲は男性が夜行く街」と認識されていることもわかりました。しかも、スナックやクラブへ行くことが目的という限られた人向けの街であると思われているのです。

この二つの事実が、私に新たな夢を描かせるのです。

一つは、夜遅い時間だって、いろんな店へ行きたいのに知らない。知っていれば利用する、ということです。

もう一つは、現実に中洲はそれを実現できる街なのに、スナックやクラブへ飲みに行く街として利用されているにすぎない。

つまり、飲みに行かない男性も、食べに行きたい女性も、学生も子どもも行ける街、夜遅くまで選択肢が豊富にある街であれば、みなさんに喜んでいただけるのです。

誰もがいつでも楽しめる中洲をつくる

中洲にはお店が、10年間で600軒も増えた実績があります。決して景気がいい10年間ではありませんでしたが、年間60軒の割合で増え続けてきた実績なのです。

リーマン・ショックの時期にはさすがに落ち込みはしましたが、私どもが繁盛店をつくり、2店舗目、3店舗目と、お店の数を増やしていけばいいのです。

「いずれ中洲の2700軒を満室にできる」

私はそう考えています。すると、第二の中洲をどこかにつくらなければならなくなります。第二の中洲は、「深夜も寝ないテーマパーク」にしたい。それが私のライフワークなのです。

中洲を中心に仕事をしている私たちは、夜に強いのです。普通の店舗と違って、夜8時以降に開店する店づくりに強いのです。

私が小さい頃は、24時間営業している店なんてありませんでした。コンビニもファミレスもファストフードのお店もありませんでした。

30年前は、夜6時が店が閉まる時間。20年前は夜8時。現在は夜10時に閉店する店が多くなりました。

この変化は時代の流れで、これからは夜12時でとどまらず、24時間に近くなっていくと予想されます。

「博多に寝ない街があったらいいのに！」

そう考えると、ワクワクします。深夜まで寝ないテーマパーク、例えば、「オールデイ博多」といったテーマパークをぜひ実現させたいと考えています。

「中洲」という言葉は全国区です。「西日本一の歓楽街」という高い評価をいただいています。しかしまだ、「日本一の歓楽街」とは言ってもらえません。

まずは、中洲を日本一の歓楽街に。

商品を絞り、地域を絞り、客層を絞る。原則に忠実に実行し続ければ、思ったより早く夢が叶うのではないでしょうか。

■謝辞■

5年ほど前にランチェスター経営の竹田陽一先生から「古川さん、そろそろ本を書きなさい」と言われたことを思い出します。

当時、本を書くことなど全く考えてもいませんでした。と言うのも、私は営業畑出身。話す言葉では表現できても、文字にするのは大の苦手。

しかし、恩師に言っていただいたことで、私がこれまで経験してきたことを文字に残し、誰かのお役に立てればと思い、一念発起しました。

手始めとして、ブログを書くことを決意しました。それも、できるだけ毎日書くと決めました。最初は全くの下手クソで、読めたものではありません（読んでいただいたらわかると思います。『中洲よかばい放浪記』http://2912103.co.jp/nakasu/）。

毎日毎日、下手な文章をブログにアップしていきました。

3年ぐらい書き続けたある日、高校の後輩であり福岡で起業している株式会社カウＴＶの高橋康徳社長が「昨日のブログに掲載された、野球のドジ話はとっても面白かったです」と言ってくれたのです。

その言葉がうれしくてブログを読み返してみると、必死にボールを追いかけたのにキャッチできなかった不甲斐ない私のズッコケ話だったのです。

ブログを読んでくれる人がいる。また、それに反応してくれる人がいる。そのことがとてもうれしかったことを思い出します。

そして昨年1月。博多経友会事務局をされているスマートライフの森尾綾さんに協力していただき、毎週土日の休日は執筆で缶詰めに。原稿は4月に完成しました。森尾さんがいなければ、この本は出来なかったと思います。

また、恩師の竹田陽一先生には、執筆にあたり、父親以上のお心遣いと、たくさんのご指導をいただきましたことを心から感謝申し上げます。

（＊ここで宣伝をします。私がお金のない時代に20万円で購入し、何回も聞いて勉強したカセットテープは、現在CDになり竹田先生のランチェスター経営株式会社で今でも販売されています。ランチェスター・サクセスプログラム『小企業の経営戦略』というものです。ご関心をお持ちの方は、詳しくはホームページをご覧ください。http://www.lanchest.com/index.html）

竹田先生のご紹介で、編集のプロである村上透氏と出会い、本の再編集を行いました。村上氏に出会えなければ、いまだに悩んでいたかも知れません。

また、最終校正の時に読者の立場で読んでいただき、たくさんのご意見を出していただいた宮崎整形外科の宮崎憲一郎先生、編集のお手伝いをいただいた木下りつ子さんにも心から感謝申し上げます。

出版にあたり、何度も弊社へお越しいただき前向きな対応をしていただきました花乱社の別府大悟社長、編集の宇野道子さんにも感謝申し上げます。

仕事よりも執筆に時間をかけ、迷惑をかけた社員のみなさん、また妻と二人の息子に感謝します。

そして最後に、ここまで読んでいただいたあなたに、心から感謝します。

私は博多、九州、もちろん日本が大好きです。私たち中小企業がこれから強くなり、日本全体が発展し、支えていかなければ良い社会にはならないと思います。

皆で勉強し、横のつながりを強くし、日本を元気にしていきたいと考えています。

この本が少しでも、あなたのお役に立てるのなら、これ以上の喜びはありません。

古川　隆

古川　隆（ふるかわ・たかし）
1962年９月，宮崎県延岡市生まれ。1985年，大分工業大学建築科を卒業。大手マンションデベロッパーに勤めるが，バブル崩壊でリストラにあう。1995年，株式会社福一不動産に入社。1997年９月，社長就任。福岡市博多区祇園町，冷泉町，店屋町，上川端町，中洲２～５丁目に特化した展開で業界の注目を集める。中洲のテナント仲介のシェア70%を占有。
お客さまをサポートするため，店舗を紹介するインターネットサイト『e中洲ドットコム』や経営支援サービス「ユアーズ」を提供。その他にも，中洲のママさんを対象にした講演会・勉強会を定期的に開催。また，経営者のための異業種交流会「博多経友会」を主宰。夢は，中洲を日本一の歓楽街にすること。現在も自転車で中洲の街を駆けまわっている。
趣味：水泳，スキューバダイビング，野球

編集協力
村上　透

ランチェスター経営株式会社　竹田陽一
TEL 092(781)6122
http://www.lanchest.com/

崖《がけ》っぷち社長《しやちよう》の逆転戦略《ぎやくてんせんりやく》
中洲《なかす》・福一《ふくいち》不動産《ふどうさん》，半径《はんけい》500メートルからの挑戦《ちようせん》

❖

2011年10月1日　第1刷発行
2011年11月11日　第2刷発行

❖

著　者　古川　隆
発行者　別府大悟
発行所　合同会社花乱社
〒810-0073 福岡市中央区舞鶴1-6-13-405
電話 092(781)7550　FAX 092(781)7555
印刷・製本　有限会社九州コンピュータ印刷
［定価はカバーに表示］
ISBN978-4-905327-08-0